[美] 韦德·金 Wade King ｜ 霍普·金 Hope King 著 ｜ 彭相珍 译

THE WILD CARD

王牌教学法

罗恩·克拉克学校的创意课堂

中国青年出版社
CHINA YOUTH PRESS
中青文传媒

图书在版编目（CIP）数据

王牌教学法：罗恩·克拉克学校的创意课堂 /（美）韦德·金，（美）霍普·金著；彭相珍译.
—北京：中国青年出版社，2018.9
书名原文：The Wild Card: 7 Steps to an Educator's Creative Breakthrough
ISBN 978-7-5153-5214-5
Ⅰ.①王… Ⅱ.①韦… ②霍… ③彭… Ⅲ.①课堂教学－教学法 Ⅳ.①G424.21
中国版本图书馆CIP数据核字（2018）第151943号

王牌教学法：
罗恩·克拉克学校的创意课堂

作　　者：[美] 韦德·金　霍普·金
译　　者：彭相珍
责任编辑：肖　佳　庞冰心
美术编辑：张燕楠
出　　版：中国青年出版社
发　　行：北京中青文文化传媒有限公司
电　　话：010-65511270/65516873
公司网址：www.cyb.com.cn
购书网址：zqwts.tmall.com　www.diyijie.com
印　　刷：大厂回族自治县益利印刷有限公司
版　　次：2018年9月第1版
印　　次：2018年9月第1次印刷
开　　本：787×1092　1/16
字　　数：17.6千字
印　　张：15
京权图字：01-2018-1858
书　　号：ISBN 978-7-5153-5214-5
定　　价：39.80元

THE
WILD
CARD

写给本书的赞誉之词

♥♠♦♣

霍普·金和韦德·金在这本书中展示出来的激情、创造力和绝妙的教学策略令人振奋。本书为教育工作者们开启了一个奇幻之境，其中满是奇思妙想、灵感源泉和令人惊叹的魔法，让我印象深刻。霍普和韦德向所有教育工作者展示了让我们变得更优秀、更专业的方法。他们找到了能够帮助所有教育工作者都实现其真正潜力的秘诀，让我们有能力启发每位学生，并帮助他们实现自我成功。

——罗恩·克拉克，罗恩·克拉克学校联合创始人、
迪士尼美国年度优秀教师、作家；
两部作品成为《纽约时报》畅销书

霍普和韦德为我们提供了经过时间验证的高效实操步骤，让我们所有人都能够发掘自己内在的创造力。金氏夫妇二人自身就是杰出的教育专家，每天都在日常的教学工作上通过不断挑战学生来实现学生们学业的进步和提升。他们是真正的教育大师，能够精准地捕捉到每个教育者心怀的期望和面临的恐惧。他们的建议将赋予你能量，让你下定决心去找到自己的创造性突破。

——金·比尔登，罗恩·克拉克学校联合创始人兼执行董事、
国家名人堂年度优秀教师、《洛杉矶时报》畅销书
《速成班》（*Crash Course*）的作者

身为一名教育工作者，如果你希望提升学生们对课堂的热情和参与度，那么这本书就是为你量身定制的！如果你尚无类似的期望，那么在读完本书之后，你一定会产生同样的渴望！本书呈现了诸多真实生活中的案例，一定会让你欲罢不能，并且直指你心底真正的担忧。相信本书一定能够激励、鼓舞和赋予你创新的勇气。最重要的是，这本书将帮助你平静下来，真正聆听内心的声音，鼓励你通过教育塑造未来人才并因此感到喜悦。

——艾米·莱蒙斯，教育家和博主

这是一本令人惊叹的著作。它与诸位教育工作者直接开展对话，提供了丰富多样的方法来帮助教师们应对课堂的诸多挑战。所有这些方法不仅是经过实践考验的真知灼见，还能适用于不同的情境。韦德和霍普通过自身的实践树立了正确的示范，为教育工作者们提供了切实可行的解决方案，帮助他们解决各类问题，让所有教育工作者也像两位作者一样，将自己变成创意无限的百搭王牌。

——伦纳德·盖罗韦，罗伯特·安德森中学的校长

本书的出现可谓恰逢其时！正值全美教师出现前所未有的严重短缺之际，这本书横空出世，为当下的教育工作者和未来的园丁们提供了一个机会，让他们能够真正发现自己内在的能量和潜力，让他们能够真正地引导和教育想要改变世界的未来一代。韦德·金和霍普·金致力于

打造不同寻常的实干型教育工作者的热忱在本书的字里行间体现得淋漓尽致。

——达蒙·M.奎尔斯，小学校长、Call Me MiSTER项目创始人、南卡罗来纳州教学监督和课程开发协会执行董事会成员

上一次你的学生们为学习任务安排感到兴奋是什么时候？什么？从未有过！这是因为你发布的学习任务是无效的，至少没能激发学生对学习的热情。韦德·金和霍普·金二人挑战了所有的教育者，为你们配备了必需的技能，赋予你们足够的魔法，让你们创造的课程能够让学生眼前一亮而不是灰心丧气。本书提供的教学活动和课程设置创意可以通过调整并适用于不同的科目和年级。最重要的是，它们能够充分激发学习的热情，让你的学生们迫不及待地想要冲进教室！

——杰森·大卫·弗兰克，《金刚战士》演员、励志演讲者、武术黑带八段

无论你是一名刚刚入行的新手教师，还是一位教学经验丰富的老教师，本书都能够为你提供有效的信息。韦德和霍普对教育的热情贯穿了全书的每一页内容。这本书会鼓励你成为一个更优秀的教师，并让你的学生能够参与到更高质量的教学活动中。他们对教育的洞察，能够激励你不断发掘自身和学生们的潜力。而书中分享的真实案例也可能会让你在阅读过程中不时会心一笑。韦德和霍普希望能够挑战教育工作者们，让他们能够将每个学生视为具备尚待开发潜力的独立个体，而不再片面地关注学生的衣着、房子和父母的收入等外在物质条件，让你能够

真正地做到有教无类。如果你正好需要一个能够快速改变自己教学课堂的入门秘诀，那么本书将是你最佳的选择。因为它提供了丰富多样的创意和想法，能够点燃学生对课堂和学习的兴趣。

——格里·布鲁克斯，小学校长和著名社交媒体教育家

我常说，教师必须是能够赋予灵感、赋予能量、提供娱乐、细心浇灌、精心诱导、温馨安抚和精心教育年轻一代的园丁，而且一名优秀的教师必须同时能够扮演全部的角色。而本书正好满足了前述全部要求。在教育行业，育人的园丁自身比教授的学习内容重要得多。在教学的过程中，激励和启发比单纯的信息传递要更重要。韦德和霍普在本书中将成为一名优秀教师的各项技能和要求掰开揉碎分成步骤进行讲解，旨在帮助所有教育者都成为令学生终身难忘的良师益友。这是一本适用于所有教育工作者的实操手册，无论你是刚入行的菜鸟老师，还是已经干了十几二十年的老手。这本书再次强调了大多数优秀教育工作者必备的三个特质：激情、热忱和知识。

——尼古拉斯·费洛尼，屡获嘉奖的教育家和运动家

THE
WILD
CARD

前 言

我们都知道创新应该是什么样子，对吧？创新就是毕加索在创作抽象主义画作时笔下的旋涡状线条；创新也是那些飞出了书架登上大荧幕变成经典电影的畅销著作。创新，在栩栩如生、仰脖咆哮的恐龙身上体现，也游走在轰动一时的说唱音乐的前卫歌词里。甚至在结婚蛋糕上那个看起来跟新娘子的吉娃娃没什么两样的动物雕像上，你也可以发现创新的影子。所有这一切都代表了创新。

但真的只有这样吗？

正如生命中所有其他事物那样，创新也有着一个固有的形象。现在，让我们首先打破这个约定俗成的理解和定义。

教师们通常不会认为自己所从事的教育行业属于所谓的创新行业，至少认为我们的教学不像设计师、艺术家、作家、建筑师、电影制作人甚至是园艺师那样富有创造性。而具备强烈欲望想要凭空创造全新事物的人往往不会选择教育作为他们毕生的事业。当然，我们都知道孩子们有着非常活跃的想象力，也能够对富有创新的游戏做出积极的响应。但是身处这样一个标准化测试和规定课程与教纲盛行的时代，教师们往往感到备受束缚，不知道自己能够在课堂上开展什么样的创新。有些教育工作者们认为，创新就是“艺术和技能”的创新，并认定自己不具备创新的条件，因为他们教授的是科学或历史课程，而非艺术或音乐等课程。我们在本书中想要传递的信息是，无论你教授什么课程，教授的是几年级的学生，你都可以让自己的课堂变成一个充满活力和激情的创意空间，而且，能够做到这一点具有至关重要的意义。

我们希望你能够摒弃自己当前对创新抱有的固有认识，无论是关于创新的定义，还是创新的作用。我们要求你丢掉自己脑子里将自己和艺术或科学领域的创意天才或名人进行比较的愚蠢想法。丢掉莫扎特、海明威、特雷莎、斯皮尔伯格和乔布斯，别再拿自己跟他们作对比。

在本书中，我们将为你提供创新的全新定义，让它能够融入你的教学实践中。我们将在本书中向你展示，创新也能够成为你的一种教学思路和心态，无论你是否“专精”创新。然后你就可以源源不断地挖掘自己内心的创意源泉（不要怀疑，你的内心的确隐藏着这样的创意之源），从而不断地激励你的学生，让他们通过专注于学习来发掘和发挥自身的最佳潜力。

在过去十年大部分的时间里，我们也在不断探索自身的创意教学之路。在这里，我们很高兴能够与诸位分享我们的创新经历，也希望能够邀请诸位一同踏上教学创新之路，并希望诸位能够开辟出属于自己的创新突破之路。看到这里，你可能会感到疑惑，开始思考自己为什么也需要实现创新突破。答案很简单：因为在人生这场牌局中，学生们没办法控制自己能够拿到什么样的牌，但你作为他们的教师，可以成为那一张百搭的牌，并有机会让学生们改变自己的命运。但如果你的课堂死气沉沉且毫无新意，那么改变命运将是虚幻的空中楼阁。

在你开启自己的创意教学之旅之前，我们要稍微回忆一下历史，跟诸位分享一下我们的创新故事!

·我们自己的创新之路

在教育行业，我们俩也算得上是新奇人物：一对已婚夫妇在同一所学校工作。首先是南卡罗来纳州的彭德尔顿小学，然后是位于亚特兰大著名的罗恩·克拉克学校，这也是我们目前就职的地方。我们不仅是人生道路上情投意合的伴侣，也是共同事业上志同道合的战友，我们有着共同的职业目标，即通过专注于提升学生的课堂专注度来改善教学的质量。我们认识彼此的时候，都是刚从大学毕业的初出茅庐的新手教师。我们几乎是立刻发现了彼此间的共同点：我们两人在成长的过程中一直都怀抱着特殊的创新热情，而且都在探索如何将我们性格中最本质的创新特质融入我们的课堂中去，并且还要做得顺其自然。我们所具备的对创新的兴趣（韦德的兴趣是音乐，而霍普的兴趣则是手工艺）也成为在阅读和数学技能等教学方面开展创新实践的出发点。通过学习他们的做法，我们也能够创造有趣的课程，使我们的学生能够全身心地投入，并能够在考出较高水平的成绩的高强度挑战下保持持之以恒的学习热情。最重要的是，学生们还能够在完成学习目标的过程中，体会到学习的愉悦和兴奋。

就这样，我们从一开始就意识到，创新的关键并非教学的内容，而是教学内容被传达的形式。现在，我们所有的教师都会踊跃地找到办法来实现那些看起来最疯狂的创意，因为我们已经知道，创新是学生全身心投入学习的关键。而能否专注于学习的过程并享受这个过程，也是能

图为《侏罗纪公园》科学课现场，霍普和韦德跟学生们一样乐在其中。

够让学生们愿意来上学的不二法门。

的确，“学生参与度”有时候听起来就像是一个空洞苍白的指标。但这个指标在目前看来，日益成为美国K-12教育改革必须达成的一个结果，因为美国四年制大学教育的学生退学率达到了50%，这是前所未有的现象。这就意味着，即便我们的学生们获得了足够的学分，考出了足够高的成绩让他们成功被大学录取，他们也不够专注或有决心完成长达四年的大学教育，原因是他们从来都没能成为终身学习者。

我们认为，造成大多数的课堂缺乏学生参与度，学生不热爱学习的原因是，绝大多数的教师们根本不知道参与度到底是什么，或者说学生的积极参与应该是什么样子。大多数教育工作者所接受的专业教育要求他们专注于国家标准和测试。但我们不得不面对这样一个残酷的事实：如果教师们只关注国家标准和测试结果，那么他们自己很快就会丧失职业热情。大概有30%到40%的教育工作者，在从事教育行业的五年内因为各种各样的原因彻底放弃了教育行业。而在那些仍坚持在教学一线的教师中，高达62%的人表示，他们大部分的时间都花在帮助学生准备国家规定的各类考试上；而81%的教师也表示，自己的学生花费了太多的时间参加国家或地区规定的各种各样的考试。

我们相信，教师们变得日益沮丧和死气沉沉，是因为对标准考试或测试的关注并不能让他们获得职业成就感，或者说不能让他们相信这些考试对自己的工作有用。这些教师们在自己的课堂上看不到学生对学习的兴趣、学生的成长或对学习的热爱——因为孩子们根本不在乎标准化测试。孩子们只会关注自己感兴趣的东西。他们只会被那些能够启发他们探索天性的事物吸引。他们会顺其自然地专注于任何能够激起他们的好奇心或敬畏感的事物。因此，教师们能够以学生为中心，并从这个角度出发就显得至关重要。我们反复见证了同样的成功——当教师们应用了创新的指导方法，测试成绩也顺其自然地提高了。这与“应考型教学”的思路完全不同，我们的观点是：作为教育工作者，我们的任务就是让自己的学生为学习感到兴奋并愿意来上学。这也正是“教学为课堂参与度服务”成了我们的基本教学准则的原因。

基于以往的经验，我们也了解到并非每位教师都具备“为课堂参与度服务”的教学手段或教学思路。这也正是我们所需要实现创新突破的地方。

· 重新定义创新，有意识地强化创意能力

请记住，我们的目标是结合教学需求来重新定义创新。

可以这样说，哪怕你从来没有画过一幅肖像画，或从未写过一行诗歌，你也有可能实现创新突破。你的身边到处都是灵感和想法。我们将要向你展示的是，如何利用自己自身拥有的潜质——你过往的经历、你的性格魅力、你的兴趣爱好、你的长处和优点，等等——来传递你需要教授的知识，前提是通过学生课堂参与度更高的方式来实施。假设你是个运动员，假设你很擅长建造东西，假设你是个好厨师或园艺师，假设你对自己家庭的族谱颇有研究，或喜欢去看古董车展，无论你的专长是什么，你都可以利用它来让你所传授的课堂知识变得鲜活。绝大多数的教师都不太愿意这么做，根本原因在于，他们不知道如何去做。而我们将要向你展示的就是如何去做的方法。

我们的理想就是让所有中小学教师（甚至是更高教育阶段的教师们）能够独立自主且有意识地开始锻炼并强化自身的创意能力。我们希望你们创造的不仅是课程，更是难能可贵的学习体验；是能够让学生记忆深刻的学习时光，这就是我们对学生参与度的定义。学生参与度的重要性不言而喻：一旦他们存在参与的意愿，他们就会自发地想要来上学。反过来，作为教师的你，也能够体会到不断提升的职业满足感和职业发展。如果你已经失去了对教学的热情，那么我们将帮助你找回这份激情，让你能够将个人的兴趣和追求融入教学内容中。

我们想要告诉你的并不是你必须照搬我们的模式——我们的希望正好与此相反！我们夫妇俩合作完成本书，就是为了向你证明，不同的人

可能找到不同的路径和方法，但我们的目标总是一致的：就是实现教学创新。我们有着不同的成长背景，有着不同的兴趣爱好，甚至在某些方面，我们站在了完全相反的对立面。我们夫妇俩作为教育工作者，成长的路径也不尽相同，而我们所实现的创新突破也反映了我们作为独立个体的特质，而不是作为一对夫妇的整体特质。

所以，你个人的创新路径和创新突破完全取决于你自己，取决于能够让你做出正确决定的特质，与他人无关。而且你完全没有必要拿自己的创新去跟任何其他人进行对比。相互比较是偷走快乐的贼，也是原创精神和做真实自己的敌人，这种说法还是很有道理的。你的创新会跟霍普·金的创新完全不同，正如霍普·金的创新与韦德·金的创新也完全不同那样。你无须模仿其他任何人的风格或试图复制其他任何人的成功。你的成功路径就是找到自己的创新风格。

创新的路上必定困难重重，这是不可避免的。没有坎坷起伏的旅程又何来收获的喜悦。如果成为一个富有创新的教师是一件轻而易举的事情，那么现在每一个教育工作者可能早已冠上这样的名号，我们也就无须再谈及这个话题。我们之所以开始就教学创新进行演讲并开展工作坊，是因为人们不断地反复提出这样的问题：你们的创意到底是怎么来的？你们怎么能这么有创意呢？而本书就是这些问题的答案。这本书将引导你通过操作实践创新的步骤，最终实现个人独有的创新突破。

我们撰写本书的目标并非仅仅是为各位加油打气，而是更希望能够提供一个“实操”指南，让任何阅读本书的人都可以直接开始实践。本书分为三大部分：

- **第一部分主要解释了一些关键的概念，并为你个人实现创新突**

破打下一个基础。

- 第二部分提供了一些简便、明了的实践步骤，通过循序渐进的方式，让你能够逐步建立起一个更具创新的思维模式。我们认为，这些步骤很“简便”是因为它们并不包含什么高深的科学或概念，也不需要你花费大量的时间或金钱。但这些实践确实会要求你下定决心去跳出舒适区、挑战自我，做出改变并尝试全新的事物。你可以选择通读全书之后再回过头去积极主动地实践每个步骤，也可以随看随时操练。这取决于你个人的喜好。

- 第三部分提供了大量的教学策略设计方法，我们已经在自己的实践中证实了这些方法的有效性。但它们并不是制订完好的具体教学计划，更像是教学框架，你可以在其中添加自己的创意和想法。其中一些活动很容易上手操作，但另一些可能需要稍加练习，冒一点风险然后在实践中不断试错和改正。但贯穿其中的概念是：每个人的创新突破都要从某个设计出发，所以，我们将在本书中为诸位提供尽可能多的出发点。

在这本书中，我们一般情况下会以夫妇身份统一用一个口吻进行写作；但在某些情况下，尤其是当我们夫妇二人的实践或经历有所不同时，我们也会以个人的口吻发声。无论如何，在读完本书之后，我们相信你已经掌握了锻炼自己创新能力的实用方法，并将很快踏上实现个人创新突破的美妙旅程。

还等什么呢？让我们即刻起程吧！

目 录

CONTENTS

写给本书的赞誉之词 003

前 言 007

我们自己的创新之路 / 009

重新定义创新，有意识地强化创意能力 / 012

第一部分 百搭王牌 019

第一章 人生就像一场牌局 022

创新是一个人的独特品质 / 028

创新是一种思维模式 / 030

创新能够调动学生参与课堂 / 032

第二章 牌面并非天生对你不利 035

第三章 不要盲目听信小丑牌 040

主动掌握话语权 / 042

抛掉挫折的影响 / 043

第二部分　创新突破 047

第四章　启动自我突破的意识 053

第一步：评估并接受当前的状态，然后继续前行 / 053

3A原则：评估、接受、行动（Assess，Accept，Act）/ 056

你的职业动机是什么 / 059

为什么要了解自己的职业动机 / 064

第五章　发现自我突破的渴望 067

第二步：挑战自我的承诺并迈出舒适区 / 067

不要蜷缩在自己的舒适区里 / 071

第一个创新启动点：一个微笑 / 077

重新发掘自己的激情和热忱 / 080

坚持不懈地假装拥有激情和热忱，直到你获得成功 / 085

第六章　自我反思 089

第三步：反思自己的创意之路，它未来会是什么样子 / 089

思考创新的全新定义，抓住一切机遇实践它 / 090

反思自己的变革设想 / 093

反思个人的创新目标 / 097

第七章　将教学目标与学生参与度联系起来 100

第四步：重新理解学生参与度 / 100

制定严格的教学原则 / 103

设定高目标且不要满足于低达成 / 108

创造一个可以推进目标实现的环境 / 112

保持热情高涨的状态 / 126

创造一种鼓励自主精神的课堂文化 / 130

本章小结 / 141

第八章　忠于真实的自我 —— 143

第五步：确定个人激情所在，并以此为出发点 / 143

如何开始创新 / 154

如何提升创意的难度 / 161

不要掉入攀比的陷阱 / 163

你的创意从何而来不重要，你如何引导和使用它才是重点 / 167

第九章　创意之路离不开坚定的毅力 —— 175

第六步：跨越障碍并克服困难 / 175

搞定课程安排的挑战 / 178

击溃标准考试相关的问题 / 183

打破有限预算的限制 / 187

通过自我认识来解决个人的困境和问题 / 191

第十章　坚持不懈完善自我 —— 196

第七步：坚持不懈地努力，不断完善自我的创新能力 / 196

尝试个人兴趣领域之外的事物 / 198

跳出课堂，创建一个课外活动俱乐部 / 199

激励自己的同事，注重团队的力量 / 204

第十一章　简洁有趣的总结，让你意犹未尽 —— 207

第三部分　实操案例分享 —— 209

互动活动：欢呼和赞美/呼吁和回应 / 211

建立师生关系和文化 / 212

提升学生的软技能（社交技能）/ 213

让学生动起来 / 215

音乐活动 / 216

游戏/竞赛 / 217

运用时事热点进行教学 / 218

开展探讨或解决问题的辩论 / 220

有效地提问 / 222

STEM/STEAM课程设计 / 223

苏格拉底式问题研讨法 / 224

口语活动 / 225

戏剧/角色扮演 / 226

公众演讲 / 227

教室大改造 / 228

PART 1
Wild Card

第一部分
百搭王牌

你手里的牌总是在轮到你出牌时看起来与众不同；充满了无数微妙却不尽相同的可能性。

——阿拉斯泰尔·雷诺兹

《启示空间》（*Revelation Space*）

在本书中，百搭王牌有两层不同的寓意，分别与教师和学生参与度有关。就与教师的关系而言，正如我们在本书的“前言”中所表述的那样，百搭王牌意味着教师作为个体，对学生的人生有着不确定的影响。就与学生的关系而言，百搭王牌更多借鉴了俚语的含义，指的是学生作为个体可能是不可预测的、充满惊喜的，甚至是有点乖僻古怪的。这些寓意都会引导我们回归到创新这个概念的本质。

字典将创新定义为：超越传统思想、规则、模式或关系并创造富有意义的全新思想、形式、方法、解读等能力。我们则认为，这个世界上的每一位教师都具备了这样的能力，包括你在内！你可以超脱让你深陷困境的标准化课程。你可以与学生建立更具启发性的师生关系；并且你可以创造有意义的全新方法来传授知识。从这一刻开始，请坚定地相信你的内心里具备了这样的创新能力！正如畅销书作家伊丽莎白·吉尔伯特所说的那样：“宇宙将奇妙的珍宝隐藏于我们每个人内心，然后旁观我们是否能够找到这些珍宝。”这正是你的创新突破需要做的事情——发掘那些你自己可能尚未察觉的内心力量和源泉。

在你开始操练本书第二部分的实践步骤并探索自己的创新突破之前，请突破自己原有的思想局限，秉持你也可以不断成长并最终实现突破这一信念。相信你对固化思维模式和成长型思维模式这两个教育相关的概念并不陌生。秉持固化思维模式的人认为，智商是生而固定的，并不会随着成长而发展；而那些秉持成长型思维模式的人则相信，人的智慧是可以通过后天努力得到发展的。就创新而言，也存在同样两极分化的观点。你要么认为上天根本没有赋予你天生的创新能力；要么可以选择积极主动地通过实践去培养和发展创新能力。在评判自己是否具备了创新潜力的时候，我们希望你可以建立起一个成长型思维模式。在你能够真正实现创新突破之前，你必须坚信这是有可能的。而本书这部分的内容将帮助你建立这样一个积极的信念。

第一章

人生就像一场牌局

在人生的牌桌上，每个玩家都必须被动接受命运给他/她发的牌；但一旦牌拿到手中，玩家就要自己决定如何打牌来赢得人生牌局的胜利。

——伏尔泰（1694—1778，法国启蒙思想家、哲学家、作家、历史学家）

不久前，我们看了一篇文章，被深深触动。文章的作者反复强调人的命运完全取决于天生的运气。他认为，现实的人生根本不像是一场大富翁的游戏那样：在游戏里，所有的玩家都从同一个点出发，具备同等的资源，并且每个玩家完成一圈回到出发点时都可以再赚到200美元。他觉得人生更像是一场牌局，每个玩家拿到手里的牌可能很好，也可能很差，还有可能干脆拿到一手不好不坏的牌，这完全取决于未知的运气。因此，人生这场牌局充满了变数，每个玩家的胜负完全取决于运气、策略和其他玩家手里拿到的牌。我们也借用这个概念，创建了本书反复强调的“百搭王牌”这个概念。

想想二者之间的相似之处：孩子们完全无法掌控自己的日常生活和

人生阶段初期上天给予的“天赋”和他人给予的“教育”。发到他们手中的牌面都是无法控制的，包括父母——无论是能够给予支持的、粗心大意的、溺爱骄纵的，还是责任缺失型的父母——以及社会经济地位。这些不确定的运气因素直接决定了孩子们生活在什么样的社区，去上什么样的学校。而基因的随机选择则形成了孩子们的性格和个人特质，并反映到他们的学习上，例如性别、智商、注意力时限、承受力、恢复力、自律能力和天分，等等。

哪怕是那些父母十分尽责、家庭经济社会地位较高、资源丰富的孩子们中，恐怕也只有极少数孩子的现实生活可以真正称得上是运气爆棚，或是拿到一手同花大顺。而那些拿到一手烂牌的孩子们，无论是颠沛流离，居无定所，还是存在严重的学习障碍，也并没有选择过牌，然后坐等下一轮发牌，直到拿到一手好牌再入局的权利；毕竟，所有人的人生都只有一次，无法重来。他们别无选择，只能想方设法打好手里拿到的牌。本质来讲，儿童时期就是一手随机发放的牌，无论好坏都别无选择，但也恰恰是这个时期会对个人今后人生的方方面面产生不可忽视的影响。

韦德：我的童年过得颇为艰难。我的父母在我出生后不久就离婚了，所以我从没见过生父。我的母亲不太擅长选择约会对象，处过几个渣男，这导致年幼的我经常遭到严重的虐待。人们通常以为，年幼的孩子不会形成长期的记忆，但我认为刚好相反，因为我清晰地记得那些年自己遭受的每一件糟心的事儿。最终，我的祖父母收养了我。

在我四岁左右，我们一起去希腊的雅典旅行；我的祖母一直都很向往这个地方。时至今日，闭上眼睛我依然能够回忆起这次旅行看到的风景和听到的声音。我依然清晰地记得山羊在山坡上悠闲地吃草，记得神殿里高高耸立的柱子。我清晰地记得那些香味浓郁、酥脆美味的面包。我无比喜欢那个地方，这也是为什么古代文化成为我当前教学中最喜欢的内容。而我能够牢记这些记忆和经历——无论好的坏的——也证明了人生早期的经历的确会伴随孩子们终生。

我们在希腊待了差不多十一个月。对于现代人来说，这是一个相当漫长的假期。很快我就了解到为什么我们会花这么长的时间待在雅典，因为这是我祖母的临终遗愿。她患了癌症，在我们回家之后没多久就去世了。她去世后，我搬到叔叔和婶婶家生活。这已经是我的第三个家了，而那个时候我才五岁。在接下来的几年里，我终于过上了正常的儿童生活：我有假期，参与家庭出游，有一个像我亲妹妹一样的表亲，所有正常孩子应该拥有的美好一切我都得到了。但是，好景并不长。

我的叔叔和婶婶在我十一岁左右的时候离婚了——在这个年纪，我已经成熟到能够感受到失去挚爱家庭和稳定生活环境的心碎。我疯狂地想要跟自己的叔叔和婶婶继续生活下去，也如愿地坚持了差不多一年。然后我再次被赶出家门，搬到海边的一个小公寓跟我的叔叔一起生活。我们过得还不错，直到叔叔遭遇严重的经济危机。他把家里能卖的都卖了。等到我上八年级的时候，我基本上已经变成了南卡罗来纳州无家可归大军的一员。当我的朋友不愿收留我或他们不在家的时候，我只能想办法在公园里过夜。当我的哮喘病情加重时，身无分文的我只能从医院里偷吸入器来用。

在那个时候，学校是我生命中唯一恒定存在的事物。我当时不是个好学生，也不怎么想好好学习。我每天坚持去上学不过是因为除了学校我不知道还有什么别的地方可以去。我需要教师们不断的激励和鞭策才能坚持下去，幸运的是他们也这么做了，为此，我一直心存感激。除了良师，我还特别幸运地拥有一群益友。在我上高中的时候，一位朋友邀请我去参加一个圣经学习小组。而这也成为我人生的转折点。我后来意识到，我之所以能够取得今日的成就，离不开我的生命中持续存在的两样事物：我的老师们和上帝。我知道自己不可能成为上帝，所以我选择成为一名教师。那个时候的我依然是一个存在学习困难的学生——我记得我大概补考了三次还是四次才通过了几何考试——但我很幸运地找到了人生的方向。

霍普：我的童年记忆十分美好，在南卡罗来纳州的郊区度过了无所事事的美妙童年。我的家人彼此关系很融洽，所有的亲戚都属于一个关系很密切的教区组织。我和我的哥哥基本就是在教堂里长大的；只要教堂开着门，我们俩一定在里面。我的父亲和母亲当时在为一个青年牧师项目工作。我很喜欢他们的工作，尤其是在父亲负责锁教堂门的时候，因为这意味着我可以在教堂里跟朋友玩耍，然后一直待到很晚。

为了照顾年幼的我们，我的母亲辞去了会计师的工作。在成为全职妈妈的日子里，她总是能够将每一件事情都做得充满创意。她教会了我各种各样的手工艺技能，甚至在我五年级和六年级的时候让我在家接受教育。她也是我一生中接触过的最严厉的老师。

到了七年级之后，我开始去公立学校上学，这样我就可以参加运动课程和项目。我从五岁开始就跟着我的父亲跑步了。事实上，我第一次参加一公里跑步比赛就拿了第一名，还获得了一块奖牌。我觉得这场比赛充分激发了我的好胜心和竞争意识。我的父亲会问我是否想参加这个比赛或那个比赛，而我脱口而出的第一句话永远都是："比赛会发一个巨大的奖杯吗？"而且我通常都是比赛的赢家。在过去那些年里，我参加了各种各样的田径比赛、篮球赛和其他你能想象得到的各种体育赛事。而我的父亲永远都是我的教练，还是个特别严厉的教练。他对我的训练真的特别严格和恐怖。那个时候，我经常很困惑，不明白为什么父亲会逼我做比其他队员更多的训练。但是现在我完全理解了他——因为他对我所抱的期望比我自己还高。他是在通过自己的方式去帮助我发掘自己的全部潜力。

我的父母从来不会错过我参加的任何体育比赛或学校活动。他们给予了我无限的支持，培养了我坚韧顽强的性格。他们从来不允许我找借口，也从不娇养溺爱我，所以我很早就养成了良好的工作习惯。我拥有足够的自信去追逐自己想要的东西，也能够抓住机会实现自己的理想。为此我应该深深感谢父母的馈赠。当你还小，你大概很难理解父母“有朝一日你会感激我”这种苦心，但现在我完全明白了。

每个孩子拿到的人生牌面里，都包含了一张至关重要的百搭王牌——能够对他们的人生产生不可预测的深远影响的某个人，但其性格特质尚无法确定。而这个人就是你，他们的教师。作为教师，你就是孩子们人生里那张百搭王牌。那些在人生牌局上拿到一手好牌的孩子们，可能不管遇到什么样的教师都可以过得顺风顺水。但那些拿到一手烂牌的孩子，改变命运的机会可能完全取决于这一张百搭王牌。你是否会成为一名能够想方设法启迪、专注于提升每个孩子的老师？还是你选择让这些孩子们失望，在他们最需要你的时候扼杀他们对学习的热情，让他们在毕业时不得不踏上一条前途坎坷的人生之路？请记住，一张百搭王牌可以产生助力也可以毁灭人生。你可以培养出具备终身学习良好习惯的成功者，也可以造就那些认为学习不过是烦琐的苦工而非改变人生机遇的失败者。

❑ 创新是一个人的独特品质

我们在一个偏远地区的小学开启了我们的教学生涯，这期间也经历了诸多挑战。我们当时任教于彭德尔顿小学，这个学校的考试成绩是全区倒数第一。后来州政府介入，并让我们去参加了南卡罗来纳州的TAP项目（SC TAP），这个项目也被称为教师和学生发展体系。为了实现整个州的教学质量标准化，学校董事会给所有老师都发放了一份各门课程的规定大纲。我们别无选择，只能按照规定的教纲来开展教学。

现在，我们很容易理解为什么定死的教学计划会扼杀学生的创意。但是请你想象这样一个画面：假设你看到一个房间，里面挤满了来试镜某个角色的演员们。他们所有人都需要大声地念出官方给定的台词。无论他们是业余的舞台剧演员还是好莱坞最顶级的大咖，他们都要干同样的事情。但是，他们可以利用自己的个人特色，选择不同的声调、面部表情和手势，让自己在大声读出这些台词时能够加上一些个人独有的喜剧色彩。如此一来，每一个演员的试镜表演都会是与众不同的。其中一定会有一些人能够脱颖而出，但另外一些人则可能流于平庸。同样的情况也会发生在教师们身上。你需要自己决定如何赋予既定课程大纲生命，无论给定的大纲是什么样子。作为一位老师，如果你不幸拿到了一手给定教学大纲的牌面，那么你就需要好好谋划一下游戏策略了。

我们采取的策略是，尽可能快速地完成规定的大纲教学要求，然后进入下一阶段，即开始教授一些略超出本年级水平的补充材料，并且设计一些能够提升学生参与度的活动。就是在这样的情况下，我们发现，我们可以利用自己的个人兴趣和爱好来创造课堂教学的魔法。韦德利用自己运动员的经历，设计了一些竞争性的游戏，让数学学习成为一场人人想要参与的竞赛。他把自己的电吉他带到学校，开始写一些与教学内容相关的歌词来帮助孩子们记忆词汇和术语。而霍普则利用自己的手工技能设计了一些后来闻名各地的教学策略——教室大改造。

霍普早期的改造其实很简单，比如用绿色的塑料桌布把课桌都盖起来，然后在墙上贴满三叶草的剪纸，引导学生们来到“露奇的标点馅饼”。改造背后的理念是：创造一个环境，为霍普需要教学的内容打造氛围和提供内容支持。（因为这个策略效果显著，后来的教室大改造就

图为“露奇的标点馅饼”主题现场，这是霍普早期的“教室大改造”经典案例之一。

变得越来越精致和复杂，比如开始加上了音乐、音效、道具，甚至是戏剧服装等元素）

我们才刚刚开始培养学生们的创意能力，测试的分数很快就反映出了我们的成效。有一次，韦德的学生们甚至达到了94%的正确率，而霍普的大部分学生（96%）的测试成绩不仅达到了整个州的标准测试要求，还远远超出了预期。作为教师，我们一定要记得，学生们踏入校门的时候其实水平是不够好的。80%的学生在MAP标准化测试中拿到的分数都在1%～39%。

简而言之，我们的制胜秘诀就是，哪怕我们需要教授官方规定的内容，我们也能够通过极富创意的教学模式来激发学生的参与度。而这个策略也将适用于你的课堂——但你需要开发和利用自身的创意和想法，而不是简单地照搬书中的做法。

❑ 创新是一种思维模式

2009年，彭德尔顿小学的管理层将每一位教师都派去参加位于佐治亚州罗恩·克拉克学校（以下简称RCA）的教师发展课程。坦白地说，我们一开始并不认为一个中学的教学技能和方法能够运用到我们小学一年级和三年级的教学中。

但是在这次培训之后，我们和彭德尔顿都收获了巨大的转变。

RCA是一个充满活力的地方，学校的装饰出人意料，学校的教师们能量满满。在这所学校，所有人的创意都能得到支持和鼓励，教育工作者有无数的机会来通过实践发展成为最顶级的教师。我们越是深入学习，越是备受鼓舞。我们知道自己没法复制RCA的蓝色电子滑梯和学校的秘密通道——但我们在这里意识到，归根结底，学生都还是孩子。无论我们的课堂上有没有两层高的滑梯，我们的学生都是课堂的中心。回到彭德尔顿小学之后，我们开始将我们在RCA体验到的一些教学思路进行调整，确保满足我们更低年级学生的需求。我们甚至借鉴RCA的做法，建立了一个“家庭体系”，来给不同年级的孩子带来快乐、建立友情和更加亲密的联系。而且，我们想办法简化了创建体系的过程和场景，我们不再设计一个巨大的摇奖转盘来将屋子里的孩子进行分组，因为对于现阶段的我们而言，所有的道具不过是锦上添花的东西，我们现在还在埋头努力做大创意这块蛋糕。

RCA培训之旅让我们再次确定了自己的发展方向是正确的。这次旅程也让我们明白了自己才刚刚开始起步，未来还有很长的路要走。于是，我们继续挑战学生们的极限，为他们设置更高的期望和目标。我们强化了自身的承诺，要求自己要全面看待每一位学生，而不是仅仅关注他们的家庭生活情况、家庭收入或注意力的缺陷等。然后，我们在创意发展方面迈出了至关重要的一大步，并将我们的实践上升到了一个全新的高度，即我们终于鼓起勇气将我们最疯狂的创意化为实际的行动。一直以来，我们心里都谋划着大量的教学方案和教学理念，却因为一直担心会对课堂教学效果造成不可挽救的损害而迟迟不敢行动。我们的RCA培训之旅，让我们能够抛开这些对失败的恐惧和担忧，并鼓起勇气冒险尝试。如果你没有机会去RCA接受培训（尽管我们希望每一位老师都能够有机会去接受培训），那么我们可以告诉你，在RCA，我们学到的最重要的一样东西就是：这里所有的教育工作者都是擅长创造超出预期事物的大师。通过不断地培养自己给予学生意外和惊喜的能力，教师们——包括你在内——就能够成为传说中的“百搭王牌”。换句话说，因为作为教师的我们变得不可预测，学生们就永远也不会知道自己在课堂上会遇到什么或得到什么，从而对课堂充满期待。

一旦我们开始跳出自己的局限，致力于颠覆学生对于某样事物的认知——任何事物都可以让我们的课堂不再俗套，那么所有的一切都将发生翻天覆地的变化。一开始，想要让学生们感到惊喜很简单，因为对于学生来说，他们已经习惯了学校的一成不变和无趣。我们可以穿着奇怪的戏剧服装来上课，可以在教室地面铺上人工草皮，可以在课上弹奏电吉他，还可以让学生在飞盘上写问题的答案而不是规规矩矩地写到纸面上。所有的方法都是可行的，你会发现自己一瞬间获得了学生的关注！我们实验的创意模式越来越多，我们也越来越不在乎自己是否看起来傻兮兮或精神错乱。而最终的成果是，每一天我们来到学校，孩子们都充满了期盼和欢乐，愿意跟我们积极互动，因为他们也很期待来上学——而且他们会积极主动地完成当前的学习任务，并且迫不及待地想要进入下一阶段的学习。

❑ 创新能够调动学生参与课堂

我们在彭德尔顿小学教过的一位学生，我们叫她凯莉，这个女孩就没能拿到一手人生的好牌。但我们可以看出她身上隐含着无限的天赋。凯莉有着异乎常人的潜力，但她的家庭环境简直就是一场灾难。有时候，她穿着脏兮兮的衣服，甚至披头散发来到学校。因为饥饿、困倦或感到无聊，她没办法时刻专注于学习。我们印象最深刻的一次是，她背着一个湿透了的书包来上学，里面装着霍普借给她的一些书，但是因为书已经泡透了，根本没办法挽救。事实是，前一天晚上，凯莉睡在了一辆敞篷小型载货车的驾驶室里，她的书包则放在了车厢里，但是当晚下了瓢泼大雨。

看到凯莉这样的学生，我们的想法是：我知道本州的教育管理机构要求我按照特定方式来教育此类学生，但我需要做得更多、做得更好。在我们开始了创意实践之后，我们在凯莉身上看到了最惊人的转变。当韦德早上去接校巴的时候，凯莉会直接跳下校车的最后一级台阶，朝着韦德飞奔过来，一边不停地喊着："金先生，金先生，告诉我今天金夫人要做什么？"她会哀求韦德提前告诉她，"金夫人今天准备了一首新歌吗？她今天穿了新的戏剧服装吗？我们今天要学什么呢？"

这将成为每一位学生每一天的状态和心情的真实写照。作为一名教师，你有能力在学生身上创造这种迫不及待来上学的迫切心情。当你的学生迫不及待地想要知道你接下来要做什么，你就成为有可能改变他们输赢结局的那一张百搭王牌。你就成为有可能胜过孩子人生牌局中拿到的所有差牌的那一张百搭王牌。作为一名教师，谁不想拥有这种改变学生命运的权力呢？

数年光阴转瞬即逝，我们现在已经在结合个人兴趣爱好来拓展创意教学工具和方法这条道路上探索了数十年。我们已经找到了持续有效的方法和工具。而关于那些失败的方法以及造成失败的原因，我们也日渐掌握更多的信息。在这数十年的实践和发展过程中，我们也坚持通过社交媒体平台、直播视频展示、演讲、工作坊、我们的博客"小学课堂上的小把戏"（Elementary Shenanigans）与其他教师同行分享了我们大部分的成功策略。而本书则是我们在课堂创意变革上迈出的全新一步，而我们的目标是进一步提高学生的课堂参与度。我们衷心希望每一位教师都能够成为百搭王牌式的教师，能够给自己每一位学生赢得人生这场游戏的一手好牌。

第二章

牌面并非天生对你不利

事情总是说起来容易，做起来难，所以不要给自己的逃避找借口！

——苏·菲茨莫里斯，《目标》（*Purpose*）

在举办会议和工作坊时，我们常常会听到教师谈起自己的各种挫败经历。他们感觉自己就像是被困在了不为人知的荒芜小岛上，只能靠着极为有限的资源自力更生。即便他们真心希望可以在夯实的地面上用水泥和红砖建一座结实的房子，他们也只能尽量用棕榈叶搭建一个可以遮风避雨的窝棚。他们不知深浅就埋头开干，但很快就意识到水已经没过头顶，让他们感到窒息。我们也经常产生这样的感觉，或许你甚至此刻正处于这样的感觉之中。如果恰好是这样，请你一定要将自己从那个荒芜的小岛上拯救出来，避免陷入无法自拔的死亡旋涡。因为我们见过太多类似的惨痛案例。因为教师最终会厌倦不断付出却没有任何成效的工作，他们迫切想要获得批准，让自己停止这种徒劳无功的苦工。于是他们就找到五花八门的借口来解释为什么自己的学生课堂参与度很低。

麻烦的是，找借口的做法很轻易就会变成一种陋习。每一个不够理想或完美的因素都将成为一个全新的理由，用来解释为何你的学生表现没有达到预期，以及为什么身为教师的你没有办法采取任何行动来改变这一切。这种情况是普遍存在的，因为教师会年复一年地说服自己，认定教学效果不好的根本原因是自己拿了一手差牌。而教师惯用的借口也很容易猜到，例如没有足够的经费、家长参与度不够、《初等和中等教育法案》（ESEA）[①]条款I的规定、非母语课程学生比例过高、管理层不作为、不提供支持、过多的标准化测试、无法变通的课程大纲、班级学生人数过多或课堂时间永远不够用，等等。

所有这些不利因素的确存在，身为教师的你必须想办法解决这些问题。我们能够明白诸位的苦楚，是因为我们所处的教学环境与你们当前面对的环境并没有什么不同。我们本可以将这些不利因素当成不作为的借口，然后顺理成章地放弃努力。（相信我们，我们在某些时候也的确想过要不管不顾！）我们也遭遇了无法想象的巨大挑战，而很多时候，这些挑战的主要根源在于管理层的不断变动。彭德尔顿小学在六年内更换了四个领导班子，而每一任新官都要先放三把火，推行一整套全新的管理体系，提出全新的教学目标。在州级规定的教学安排和通用核心课程之间，我们感觉自己受到了不同课程体系的鞭挞，因为我们从来没能持续地坚持某一套体系，所以从来也没有机会了解到所有施行的体系是否能够产生效果，或者能够产生多大的效果。更糟糕的是，彭德尔顿小学的特殊教育生源比例是全区最高的，超过80%的学生符合免费或午餐

① Title I：《初等和中等教育法案》（ESEA）的TITLE I，PART A计划向各州及学区提供财政资助，以满足无法达到州级数学、阅读和写作挑战性表现标准的学生的教育需求，也提供额外教学服务与活动，为确定无法达到或是最有可能达不到标准的学生提供帮助。

减免资助特殊教育的资格。每周五下午，学校的社工会给这些孩子打包食物，让他们带回家，因为如果没有这些食物，他们很有可能在下周一上学之前没有任何东西可以吃。我们甚至还了解到，有一些小学阶段的孩子需要自己设定早上6点的闹钟，然后自己走到学校的校车接送站来上学，然后在每天下午放学后自己走路回到空无一人的家中。在霍普执教的头一年里，她就发现有六个学生的父亲处于监禁状态，而且只有两个学生的亲生父母双方还没有离婚并生活在同一个屋檐下。鉴于彭德尔顿小学属于择校类型，所以周边社区的很多家长选择将自己的孩子送去别的学校读书。

难怪彭德尔顿小学的大部分教师都感到精疲力竭，分分钟觉得自己要崩溃，哪怕他们自己都是十分杰出和优秀的教育工作者。我们都面临着巨大的挑战和种种困难，我们都倾尽一切去帮助这些孩子学习，但州级教育管理部门还是只会看到这些孩子在标准化测试里的成绩不尽如人意，然后公开宣称我们就是失败的教师。有时候，上级管理部门就这么无视我们的努力并简单粗暴地做出如此结论，会让身为一线教师的我们很难保持继续坚持的动力。因为这种评价实在是太让人沮丧了。而且这种结论显然让彭德尔顿的教师不敢去尝试新的做法，因为没人能够百分之百地保证新的方法或策略一定能够产出州级教育管理者所期待的成绩。

但从另一方面来看，我们所处的学区是整个州最好的学区之一，所以彭德尔顿小学的很多教师有意愿，也有决心把彭德尔顿小学变成全区优秀学校之一。包括我们在内的很多教师根本不相信自己拿到了一手烂牌，包括那位把每一位教师都送去罗恩·克拉克学校继续深造的管理人员。

我们并没有两手一摊，让所有这些困境变成自己身为教育工作者不作为的借口，而是全体一致努力去寻找方法来解决这些难题。而找到富有创意的方法来教授既定课程内容就成为成功的钥匙。在我们将自己的创意能量转化为学生的参与度，并将创意教学打造成我们的专属品牌之后，其他老师也开始逐渐地给予更多关注。很快，我们就开始听到其他教师向我们发问："你们是怎么做到的？"

对于我们而言，创意之路的真正起点是我们发自内心地相信这些孩子的潜力。我们并不是口头上说说而已——我们是真心实意地相信这是个事实，而这种信念也催生了我们"不找借口"的心理状态。我们决定不再通过孩子的外在来评判他们，例如他们的穿着、居住环境和父母的收入等。相反，我们将所有孩子都视为具备尚未开发潜力的个体，而我们要做的就是去找到并释放这些潜藏的潜力。我们真正关注他们的未来发展，所以我们不会浪费时间嗟叹他们当前面临的困境和糟糕的表现。

一旦我们能够真正地激发学生的参与度，他们的测试成绩和出勤率记录也会呈直线提升——这就意味着，学生的能力或他们的社会经济状况永远都不应该被用来作为开脱他们不佳表现的借口。

请记住，富人学区同样存在教师会不停抱怨的情况，比如富人学子没有学习的动力，他们衣食无忧，拥有直升机式父母，以及普遍存在的优越感和特权感，等等。所有这些因素也很轻易就可以变成借口，用来为学生成绩不佳或为何没办法让学生投入学习等问题开脱。所有的教师都必须教授标准化考试的内容，这是规定的工作内容。但所有这些标准并没有规定你传授内容的形式——恰恰是你身为教师的教授方法，决定了你是否能够激发学生的参与度。正如我们即将向你展示的那样，身为教师的我们有办法可以在任何一类教育体系中发挥创意进行教学。无论你在自己的课堂、学校或学区面临什么样的情况，无论你拿到手里的牌面多么糟糕，在你面对这些困境的挑战、各种挫折或那些难以引导和沟通的学生时，不要让这些因素成为你逃避和放弃的借口。因为每一年，你都将面对一系列全新的挑战，接触一群完全不同的学生。而这将贯穿你的整个教学生涯，所以你在每一个新学年开始之际，都需要设定一个全新的规划。因为这又是一手全新的牌面了，你将如何继续这个游戏呢？

第三章

不要盲目听信小丑牌

自我怀疑是一种背叛，使我们遇事退缩，输掉本可赢得的美好光景。

——威廉·莎士比亚，《以牙还牙》

我希望此时你已经下定决心想要做出改变，并且开始思考要怎么打好手中的牌。如果你已经建立起一个成长型思维模式，那么你就具备了实现个人创意突破的先决条件。你已经做好了充分的准备，想要迈出循序渐进的步骤并跳出自己的舒适区，因为你不会被内心的惰性所牵绊；因为此时的你已经发现那些老生常谈的借口不过是逃避的谎言。

但是，唯一能够让你死死被堵在前进道路半路上的因素就是那一张小丑牌——前提是你任由它掌控你的发展和节奏。

而这张小丑牌就是你内心的质疑之声，是那个萦绕在你脑海中，挥之不去，还反复告诉你“你一无是处”的否定之声。这张小丑牌会嘲弄你初期的努力和尝试，会时刻警告你，失败就在无法躲开的转角处。如果事情进展得并不如计划般顺利，那么这个小丑牌会立刻蹦出来嘲讽你的无能。在你取得成功的时候，这张小丑牌也只会耸耸肩告诉你，你不过是恰好走了一次狗屎运。因为小丑牌知道现在的你不会再将外在的因素作为放弃的借口，所以它会不断地从你自身挑毛病。它会想方设法地让你自己绊倒在因为内心疑虑而给自己设置的路障上。

当这个小丑牌对你说出下面的话时，切记不可轻信：

- 你永远都不会获得成功的。
- 你可能以为自己获得了成功，但实际上你不过是取得了平凡无奇的结果。
- 你会看起来像个傻子。
- 你的学生也会嘲笑你的。
- 你已经老得输不起了，所以别尝试任何改变了。
- 你天生就没有创新的基因。
- 其他老师那么优秀，你怎么能跟人家比呢。

看出来小丑牌在玩什么把戏了吧？它就是从我们所有人身上寻找那些失败的因子——我们的疑虑、自我认知、完美主义、妒忌、自怨自艾的攀比、恐惧等——并试图放大和催生这些负面的因素。所以不要让你自己的思维成为这些有毒种子的肥沃土壤。

当你踏上创新的道路之后，小丑牌最希望能够说服你相信的一件事就是：你的创意并非全新或原创的。它已经被其他人实践过无数次了。你并没有创造出任何全新的东西。

事实上，在教育领域，的确不存在那么多原创性的想法。不是真正原创的想法其实也不重要。只要你的学生认为你的课程对他们来说既新颖又新奇，那么学生们就会全身心地投入课堂学习。此外，你还需要牢记于心的是，所有的艺术家都会吸收一系列的影响。普林斯（Prince）

受到了詹姆士·布朗（James Brown）和史蒂夫·旺德（Steve Wonder）的影响。如果你能够从他人处借鉴一个概念或想法，对它进行改造，并融入自己的想法和实践，那么你的成就肯定会比最初的想法要更好——而你也成为一个真正的创造者，就像普林斯那样。

❑ 主动掌握话语权

我们两个人都曾经历缺乏自信的时期。当我们举办工作坊或进行教学创意演示的时候，我们的听众往往是那些教学经验比我们丰富得多的老教师。而这会让我们感到紧张不安。在开口讲话之前，我们内心的小丑牌常常在耳边蛊惑我们说，观众席上的每一个人都在等着批判我们，他们都在想“这两个人能知道什么呢”，于是自我怀疑开始滋生，我们开始怀疑自己是否真的具备可信度，甚至开始怀疑我们俩是不是真的有资格在这么短暂的教学生涯初期就去罗恩·克拉克学校接受如此专业和高端的职业培训，因为在我们俩被聘用的时候，学校里已经有很多经验丰富且教龄很长的老师了。

在这种情况下，我们就会反驳内心的小丑牌。我们会告诉它，分享我们一路走来的经验，并不需要我们是完美的教师。我们告诉它，我们已经花了数十年的时间专注研究学生的课堂参与度和创造性，因此，我们十分了解到底哪些方法是有效的。当小丑牌试图用登台焦虑症困住我们时，我们通过改变内心的对话模式来克服这个恐惧。我们会主动联想一些积极和在当下对于我们来说真实有用的信息，以避免自己胡思乱想。如果你也有登台恐惧，建议你尝试一下类似的做法。

但是，小丑牌时不时还是可以占据上风——例如有一次，我们俩在去内华达州演讲的路上，想到庞大的观众群体，霍普就在飞机上遭遇了惊恐发作。如果当时能够想办法让飞机返航，她一定就那么干了。她当时莫名坚定地相信自己肯定没办法搞定一场长达九十分钟的演讲，而这种怀疑和焦虑情绪甚至一直持续到她开口演讲之后。

当你太累或太缺乏勇气，没有能量去对抗内心小丑牌的时候，你或许会遭遇类似的情况。而且这种情况可能会持续好几天或好几个星期。这也没什么大不了的，我们向你保证，灰暗的时光一定会过去。你不能因为小丑牌赢了你一次就彻底放弃尝试。你肯定可以再度回到创新的道路上，恢复自己的能量，并在小丑牌再次在你耳边打击或挫败你时，能够充满自信地进行反击。

❑ 抛掉挫折的影响

当你在课堂上尝试全新的策略时，你肯定会遭遇一些失败和挫折，这是不可避免的。毫无疑问，你内心的小丑牌会试图利用这些失败的经历来打击你。它会把这些暂时的挫折说成彻底的失败，希望能够把你推回固有的思维模式中。它希望你能够跌得足够惨烈，这样你就再也不想创新或再也不能站起来重新尝试。

事实上，无论你遭受多大的挫折，都不意味着你彻底的失败。这些挫折不过是你拓展自我、发展自身和探索未知机遇的证据。“失败是成功之母，人们往往从失败中获得成长”这句老话说得没错。能够从失败中学习的人下一次一定会做得更好。我们自己也有过这样的经历：韦德有一次尝试跳出自己的舒适区，设计了一个为期两天的课程，希望通过教室大改造的装饰来创新地教授一次关于联合国的内容。改造的主题是

“超能战士”，韦德花了整整两个星期在我们的车库中搭建和粉刷他设计的操控中心和超能大厅模型。然后就到了在教室里搭建所有道具的时间。但是由于他以前从来没有做过教室大改造，他不知道要把所有的东西都牢固地固定好，他把所有的背景和道具用脆弱的玻璃纸挂好就回家了——结果到了第二天盛大的课堂展示日，他发现所有的东西都掉到了地上，乱七八糟地堆在一起。当时，距离上课铃响只有五分钟了。

内心小丑牌如此无情的嘲弄，导致韦德想要放弃，并想要换到另一间教室上课。但是，韦德为了给学生们准备这场惊喜真的投入了很多心血：最早扮演绿衣战士的演员杰森·大卫·弗兰克（Jason David Frank）当天会在我们学校出现。韦德陷入了进退两难的境地。他不能够就这么屈服于内心的小丑牌。这一场大戏必须继续下去——哪怕挂着的道具在整个课程的过程中一直不停地往下掉。

新手错误会让你不断成长并最终成为创新大师。

小丑牌永远也不会告诉你的是，这些典型的新手错误会让你不断成长并最终成为创新大师。正如茱莉亚·卡梅隆（Julia Cameron）在《艺术的方式》（*The Artist's Way*）一书中写到的那样：“想要做好某件事之前，我们必须做好心理准备，能够接受这件事可能做得很糟糕的样子。”如果你限制自己只能做那些自己擅长的事情，那么你永远也不可能实现创新的突破。

当然，我们也曾有遭遇重大挫折的时候，在那样的情况下，我们也想过彻底地放弃，因为我们不想再让自己看起来像个傻瓜。在某年的家长见面日上，霍普在上一门语言艺术课时穿得像一个20世纪20年代的轻佻女子，戴着一顶爆炸头的假短发，穿着花哨的衣服。在她上课的同时，大概有四十位家长坐在教室后面观察课堂。然后，坐在前排的一个年轻学生开始冲她发出嘘声，并做出各种手势试图吸引她的注意。霍普没有理会他，然后那个学生的眼睛越瞪越大，手势也越来越戏剧化，但霍普还是继续上课。然后霍普突然间意识到她的表现遭到了冷遇，大家好像都不太欢迎这种形式……好了，悲惨的故事就说到这里吧。

小丑牌看到当天的场景简直乐疯了。哈哈！你不仅看起来像个傻子——你还在所有的学生家长们面前搞砸了！

在尝试的过程中，你肯定也会遭遇计划无法执行（或道具服装看起来傻兮兮）、成效不好或让你遭遇令人羞愧的尴尬的时候，但随着不断的实践和演练，你可以学会无视内心小丑牌这些嘲讽的话语，并在他贬低你时做出反击。直面内心的小丑牌，直击它的弱点，坚定地告诉它你正在创新的道路上前行，并且绝对不会因为它的闲言碎语而误入歧途。告诉它，为了成长和发展，遭遇些许挫折并没有什么大不了；告诉它下一次你将在没有小丑牌的情况下，用自己手里的牌赢得一场胜利。

PART 2
Creative Breakthrough

第二部分
创新突破

学会让自己跳出“创意”一词相关的焦虑和负担情绪的束缚，因为你可能陷入了一种错误的执念，即认为创意只属于那些特殊的、备受磨难的及那些具备专业天赋的人。

——伊丽莎白·吉尔伯特，《伟大的魔法》（*Big Magic*）

所谓了解自己的局限和短处，不过是一种自欺欺人的做法。

——比尔·柏丁（Bill Purdin）

我们第一次见到丽贝卡的时候，她早已人过中年，并且在同一所公立学校教了很多年的五年级课程。她十分熟练地适应了以核心课程为主的教学模式，并且在多年的教学经验中积累了大量的课堂辅助材料和教学素材。在某种程度上来说，她的教学生活过得相当舒适，因为所有的教学计划和要求她早已烂熟于心。但是与此同时，丽贝卡开始对这种毫无创新的重复劳动感到厌倦。她开始感到自己的职业热情渐渐衰退，并认为这很有可能导致她一贯稳定的超高教学水平变成消耗她自身热情的一个黑洞。我们不得不承认这样一个事实，即大多数到了这个阶段的教师，每天做的事情就是在熟悉的教学日常中倒计时，坐等退休日的到来。

后来，丽贝卡观摩了我们的课堂和教学模式，然后改变就开始出现了。她捕捉到了一丝灵感的火花，然后当机立断地采取了行动。我们学校真正让她感到惊奇的一点是，学生可以谈笑风生地跟老师一起共进午餐。于是，丽贝卡在深呼吸之后鼓足勇气问自己一群五年级的学生，自己是否能够跟他们坐在一起共进午餐。让她感到意外的是，孩子对她这个微不足道的举动感到十分兴奋，以致他们都忘了吃饭！第一次跟学生一起吃午餐的当天，他们聊到了家里养的宠物，也正是在这一天，丽贝卡了解到自己的学生对小动物有着极大的热情和同情心。

学生们积极的反馈，让丽贝卡有信心继续与学生共进午餐。在接下来的一个月，她每天都会跟不同群体的孩子坐在一起吃饭，以平等的方式相互了解，并知道了学生在学校和课堂之外的很多兴趣爱好。一开始，丽贝卡认为自己会很快失去继续的动力和兴趣，因为午餐时间并不会带来什么切实的教学突破。相反，丽贝卡与学生建立了的新联系，她对于每个学生作为独立个体的新认识，让她重获了职业的能量和灵感。

丽贝卡跳出自己职业舒适区的下一步改变就是，把自己早已熟记于心的日常教学大纲换成更具备互动性的教学策略。在教分数和小数相关的内容时，她针对每一个相关概念都设计了一套手部和手臂的姿势和动作。在每节课开始之前，她会花几分钟时间展示每个动作，然后要求学生跟她一样用对应的动作来共同解决学习过程中的每一个问题，这就使得干巴巴的文字描述变得生动活泼。而这也成为丽贝卡教学生涯的一个全新转折点。当她看到自己的学生全身心地沉浸在最小公分母和十进制转换的教学中，并死死盯住她的手部动作时，她就知道自己再也不可能回过头去用老一套的教学方法了。很快，丽贝卡就找到了其他方法来为所有“单调的”主题设计一套专属动作。

当丽贝卡每周都不断地尝试用不同的方法来工作和教学，她发现自己开始期待上课的时间，而她已经很多年没出现过类似的感受了。她无比享受获得学生全身心关注的时刻，而这种感觉也激发了她内心封存已久的火花，让她想起了自己多年前在社区剧院演出时的美好时光。受到这段老记忆的启发，她决定采取一些与众不同的教学手段。于是，在某天上课的时候，她穿了一身殖民地时期美国的服装，用殖民时期一个历史人物的口吻跟自己的学生对话。虽然她讲课的内容还是跟以前一样，关于殖民地时期美国的相关核心课程内容，但这一次，她的学生真正地做到了心无旁骛地倾听。就好像她真的是一个刚刚从时光机器中走出来的历史人物。这些孩子完全沉浸在了她的角色扮演之中。他们投入地听，然后积极地发问，并在这个过程中学到了应学的知识。

随着时间推移，丽贝卡不断实践了更多尝试性的做法来逐步改变自己的教学风格和课堂教学模式。而现在，她已经成为自己所在学校最优秀的教师之一。

想要像丽贝卡那样实现创意的突破，并非一夜之间可以实现。我们通常认为，这是一个至少需要两年周期的过程。因为通常情况下，今年在这个班级里很有用的一些方法，换到新一年一群不同的学生身上就不一定奏效，所以你需要时间来基于前一年的经验进行优化和改善。所谓创意的变革，其实就是不断地试验和实现自我的转变，而这可能是一个艰难但回报丰硕的过程。

我们已经意识到，当我们感到舒适和自在的时候，也就意味着我们停止了自我发展和提升。在刚刚搬到亚特兰大时，我们两人都经历了一段艰难的不适应时期。对于我们来说，罗恩·克拉克学校是一次完美的机遇，但也是一次颠覆性的挑战。在彭德尔顿学校，经过数年的磨炼，我们已经成为充满自信且口碑良好的教师。而现在，我们身处的环境中，所有其他的教师都看起来自信而成功，只有我们是新来的菜鸟。我们必须证明自己，但我们在小学阶段得心应手的一些方法到了中学阶段就变得十分平庸。我们发现，罗恩·克拉克学校对教学效果的要求高得异乎寻常。为了满足这些需求，我们首先得了解它们——而学生对它们的了解要远甚于我们。可笑的是我们竟然还盲目地对自己充满了信心！有时候，我们根本没办法相信自己的能力。我们根本不确定自己到底是不是有能力适应这个全新的环境。最重要的是，还有其他数百位教育工作者来到罗恩·克拉克学校观摩和学习这里的教学方法和模式，在如此高的关注度下，我们在课堂上经常紧张焦虑得一身冷汗。

有那么一段时间，我们也曾痛苦挣扎。韦德对自己的天分丧失了信心，发现自己开始盲目地模仿和照抄其他老师的做法。而他的学生则经常需要向他解释学校的运作流程。他需要在图书馆教学，然后常常无比怀念自己曾经拥有的独立教学空间。霍普则挣扎着想要发掘自己创意的声音和特色。她也同样要跟另外一位教师共享同一个教室。她职业生涯中最惨烈的一天就是，当她要求自己的学生分组完成一个课堂任务的时候，罗恩·克拉克走进了她的教室，发现她的学生像猴子一样挂在教室的椽子上。这个教室以前是一个大仓库，裸露在外的柱子和梁结构对于那个挂在椽子上的学生贾斯丁来说，更像是一个巨大的体操丛林。如果你了解霍普的为人，你就会知道她特别注重学生的言行。这样的事情在她的人生里从未发生过。从来没有！但是在这惨烈的一天里，最悲惨的事情莫过于她给了自己新任上司一个无比充分的理由来怀疑自己的课堂管理和控制能力。

当然，就像那句老话说的那样——屋漏偏逢连夜雨。事实上，我们就是这么倒霉，我们全新的公寓到处都在漏水，因此，在学校熬完糟心而艰苦的一天后，我们回到的不是一个温馨舒适的小家，而是一个到处都盖着遮雨塑料布，让人无处下脚的破烂公寓。我们想尽一切办法保持自己教学书柜的干燥和整洁。我们在自己的卧室里解决每一顿饭。霍普会缩在放满热水的浴缸里吃意大利面。这种悲惨的情况整整持续了两个月。因为在下班之后，没有一个安全的小屋让我们可以放松和释放压力，我们俩的心理压力和抑郁情绪与日俱增。

这段经历仿佛我们从教第一年的艰难时光卷土重来，我们不得不挣扎着去解决各种问题——包括工作的和生活的——然后竭尽全力去调整和适应。而我们最终做到了。但与此同时我们也意识到，想要活得有创意，就意味着你需要不断打破局限，拓展自己人生的边界。你不能沉迷于自己已经达到最高水平，认为自己不再需要创新这种自满的想法。因为人生本来就不应该日复一日重复做着同样的事情。经过极为艰难和不适的一年之后，你将迎来巨大的成长。

我们希望你也可以尝试做出一点改变。

在本书接下来的七个章节中，我们将提供循序渐进的具体操作步骤，希望能够帮助你踏出自己的舒适区并最终实现自我的创意突破。所有这些步骤都是环环相扣和相互联系的。初始阶段的一些操作步骤对你来说可能相对轻松，但随着阅读的推进和实践的继续，这些步骤可能会变得越来越有挑战性。你可以选择跟着本书的节奏，在读完每个章节后开展实践，循序渐进地推进自己的实践。也可以选择先通读全书，然后回过头来积极主动地探索各个步骤的操作。你还可以选择一个搭档来共同实践和操作本书。他/她可以是你们学校的老师，也可以是教授不同年级的同事，或生活在不同城市的同行等。这个实践的核心在于，帮助你获得一些支持和鼓励，并分享自己的创意，反馈个人的优劣势，然后从对方的成功或失败中汲取经验教训。

第四章

启动自我突破的意识

只要我们的习惯模式隐藏在不为人知的深处，这些习惯模式将永远不会改变。一旦我们将它们放到心上并将它们变成关注的焦点，它们将不得不做出改变。

——珍·邱禅·贝斯（Jan Chozen Bays，MD.），一位专注于关怀受虐待儿童的小儿科医生，也是一位禅修老师

做出改变的第一步是意识，第二步是接受。

——纳撒尼尔·布兰登（Nathaniel Branden）

❑ 第一步：评估并接受当前的状态，然后继续前行

如果你将任何目标或转变视为一个令人恐惧的巨大挑战，那么你可能会丧失全部的勇气。你可能会呆若木鸡地站在原地眺望远处的终点线，却没有勇气尝试迈出改变的哪怕一小步。但是你总要开始行动的，所以，为了让这个恐惧的第一步变得轻松一点，我们为你提供了一个启动步骤，让你能够私底下利用自己的空余时间进行演练。我们意识到这

个启动步骤可能对于你们某些人来说十分轻松，但对于其他人来说可能就是无比艰难和痛苦的。因此，在此之前，我们希望你能够对自己当前的状态进行一次真实的评估，你需要如实地记录和评估自己的情况。

你可能还是一位新手教师，正在努力试图把自己在大学里学到的教育理论与实际的课堂教学联系起来——你可能本能地感到这中间缺了一点什么，但是不知道到底缺失的是什么。你可能已经是一位具备了多年教学经验的成熟教师，并对自己的教学充满了自信，但是你也能看出自己的学生经常感到无趣或缺乏学习动力。你可能发自内心地热爱自己的工作，却感觉年复一年专注于考试成绩的做法正在慢慢地扼杀这份职业热情。你还可能是一位正面临着诸多挑战和困境的教师，你感觉诸事不顺，缺乏能量并且感觉自己很快将耗尽对教育行业的热情和动力。

但你个人所处的职业阶段和具体的个人信息在这个自我评估的过程中并不重要，因为每个人都仍有伸展和提升的空间。你对下面这个问题的真实回答，才是至关重要的：你的学生是发自内心地想要出现在你的课堂，还是迫于压力不得不出席课程？

在你回答这个问题之前，让我们先结合你个人的情况稍做分析。回想一次你曾经被要求（而不是自己想要）去参加一次你完全不感兴趣的职业发展会议的情况。这种会议，就是那种你恨不得每隔五分钟就要看一下时间祈求快点结束的会议；或是人坐在会议现场，但心里却在计划着下个月的教学工作；或是规划一下年终大餐需要采购的食谱；或是轮番打开又关上手机里安装的每一个社交应用程序——反复好几次，显然一副“人在曹营心在汉”的样子。在这种类型的培训中，你到底投入了几分心思来真正地专注于完善自己的教学技能和提升自己的教学能力？

但我们在自己的工作坊上提出这个问题时，我们很少听到超过50%的投入度——因为大多数人专注的程度都在15%左右（假设满分值是100%）。

那么，我们来将这个问题抛给你的学生。如果我们对你的学生进行调研，询问他们是真心想要来上课，还是他们来上课只不过是因为他们别无选择，你认为他们的答案会是什么样的？是不是很有可能，他们每天大部分上课的时候都在期盼自己可以去别的地方——任何地方都可以，只要不是教室？

让我们直面这个惨淡的现实吧：就跟参加一场冗长而无趣会议的你一样，很多学生仅仅是将自己极少部分的精力和注意力放在了学习上。但所有不明白这个道理的教师，则抓耳挠腮地想不明白为什么自己的教学效果不好；为什么自己需要反反复复讲同样的内容；为什么学生根本记不住课堂传授的知识。

现在，想象你自己正在参加一场梦寐以求的职业发展会议，这个会议充满了活力，提供了无数的干货，让身为教育工作者的人感到深刻共鸣并受益匪浅。那么这一次，你投入的精力值又会是多少？

当我们在工作坊上提出这个问题时，所有参与者都回答：肯定会100%投入，甚至还有人说要投入110%！所以，道理其实很简单。如果你想要自己的学生全身心地投入课堂学习，你就必须让他们心甘情愿地想来上课。四年级的学生宁死不肯放弃课外活动，也不认同标准化考试的好处是有原因的。（难道你自己想不到这一点吗？）十年级的学生宁死也不会给自己的朋友发短信说：我的天啊，我真是爱死这些教育评估测试了！他们会有这些反应也是有着充分的理由的。因为所谓的标准化考试和评估测试根本不会让学生对学习充满热情。只有身为教师的你才能够激发他们的学习热情。所以我们在这里要重申：如果你对规定的教学课程和内容以及标准化测试感到无能为力，那么我们在这里需要再次提醒你，作为一名教师，你手中实际上掌握着无穷的能量。

霍普曾收到一封来自学生家长的邮件，这位家长的孩子病得很严重，但孩子强烈要求继续来上课。家长在信中写道："金女士，罗伯特基本上就是吃了就吐。能否请你告诉他，像这样的情况需要待在家里休息，等到身体好转之后再回去上学也是可以的？"这就是教师所拥有的力量与魔力。无论你从事教学活动的环境是什么样的，你都拥有让学生对学习充满兴趣的能力。你就像是《绿野仙踪》里穿着兔子拖鞋的桃乐茜。你拥有创造惊人魔法的能力；你要做的只不过是学会如何运用这种能力。（做到这一点比闭上眼睛，敲击鞋跟三下来许愿可能要复杂一些，所以请你接着往下看我们提供的方法！）

❑ 3A原则：评估、接受、行动（Assess，Accept，Act）

如果你真实的评估结果告诉你，自己的学生并没有积极投入课堂学习，或你并没有获得预期的结果，或你作为教育工作者并没有获得应有的成就感，那么你就需要开始采用前文我们提到过的"不找借口"的心态。你需要首先承认这些问题的存在，然后才能够意识到自己原来具备更大的潜力来解决问题，获得发展。

想要承认因为自己没能充分地发掘和发挥潜力而导致自己生命中的

某些事情还有巨大的提升空间，不是一件容易的事情。自我批判有的时候可能会过于残酷，这话听起来像是小丑牌对你的嘲讽和贬低。如果自我批评的方向开始产生类似的不良倾向，那么一定要努力摒弃这种过于负面的想法。确保你的内心对话围绕如何提升能量和发展自己来展开，而不是对自我的放弃和全面性的抨击。你可以尝试下面的对话：

你知道吗？我的有些做法不是很好。我一直以来的做法、一贯的教学方法，事实上不如我自己想象中的有效。我没能完全搞懂这些方法，所以我犯了一些错误。而我的选择是继续发展和提升自己。我选择专注于学生参与度的提升。我想要成为他们生命中的“百搭王牌”，并实现职业生涯的创意突破。

有时候，是外在的评论或来自他人的批判迫使你做出反省和自我评估。我们可能一次或多次发现自己曾遭遇负面的评价。我们获得了无数的好评，但时不时也会收到一些批判的邮件。我们相信你肯定也对这些邮件深有体会：毕竟那些来自学生家长的批判才是最伤人的。我们曾收到的一些家长来信让我们感到尤为受伤，因为我们真心觉得自己的工作做得很不错。而有时候，我们的本能反应就是坐在那里开始找借口——相信这一点也会让你深有共鸣，比如这些家长根本不知道我为他们的孩子付出了多少。他们根本不会想到我在这个学校投入了多少时间和心血，为此我牺牲了多少与家人团聚的时光。他们根本意识不到我今年遭遇了多少烦心事儿，还坚持着完成了教学工作。他们不知道我为了准备这些课程，为了让学生有良好的学习体验到底付出了多少心血。

你有没有过这样的经历：你工作的一天里发生了二十五件好事，但是你让唯一那件糟心的事儿破坏了你一整天的好心情？我们有的时候也会陷入这种奇怪的陷阱。尽管我们收到了无数的好评，我们会不自觉地专注于那个唯一负面的评价。我们甚至会让自己竖起防卫的铠甲并开始找借口解释，只不过是因为这么做能够让我们避免伤心和感到失败。但是我们同时也意识到我们可以有别的选择。我们可以坐在某个地方沉溺于自己的悲惨情绪，也可以选择暂停、反思，然后直面这些让人感到不爽的情绪。到了最后，我们往往发现自己面对这些批判的评论时不再感到愤怒，因为它提供了一些被忽视的真相，因而具备研究的价值。一旦我们向自己承认，好吧，我的确可以做得更好，我们就可以度过这个自我崩溃的阶段，并开始往前看。我们甚至发现，一旦我们开始接受自己真实的情况，我们就能够自然而然地想到办法，开始规划下一年应该要怎么做才可以取得更好的效果。毕竟，承认自己的错误，然后重新出发也不是什么了不得的大事儿！

如果你在接到负面的评估后感到备受打击或心生抵触，那么这种阶段性的崩溃也是正常的。但你不可一直沉溺其中不可自拔，让你对这些批判评论的不满情绪掌控你的发展过程或自我评估。你应该对此进行反思，实在不行吃点儿甜食，也可以给朋友打电话倾诉来舒缓一下，然后抛掉这些情绪再出发。

接受现实是开启个人突破的出发点。想要妥善处理负面批判并非易事，不管它们来自何人。但开展自我评估的目标并不是让你自暴自弃，它的真正目标是让你真实地反馈和评价你的教学方法所获得的结果。如果你连这第一个步骤都跨不过去，即自我评估和接受现实，那么这本书也没办法帮助你找回自己的教学目标，更别说在课堂上创造出奇迹。

所以，作为一名教师，你要如何正确地看待负面评价并对自己开展评估呢？你可以从自己的职业动机（WHY）着手。

❑ 你的职业动机是什么

没有人怀着成为百万富翁的梦想来选择教育行业。尽管听起来既虚伪又有点讽刺，大多数的教师一开始选择这个行业，的确是因为我们怀抱着通过改变孩子的人生来改变这个世界的美好理想。但是很快，现实就显露了残酷的一面。这个时候，我们就必须重新开始评估我们到底为什么选择成为一名教师。

每个人的职业动机都不相同，而个人所独有的职业动机也会随着时间的推移而发生改变。我们两个人选择教育行业有着迥异的初始动机。每当我们在教育职业的发展过程中受到打击或遭遇困境，我们最初的职业动机都会帮助我们再度审视自己的目标，并找出当前促使我们不断前行的具体动机是什么。

霍普：我一直都想要成为一名教师。从我四岁开始，我在玩过家家游戏时，就经常假装自己在学校并扮演教师的角色。我从未质疑过自己成为一名教师的人生规划，我就这么坚定地朝着这个目标一直前进。我提前一年从高中毕业，然后直接在大学选择了教育专业，并从未因此后悔过。自从我成为一名教育工作者，我从未想过我的目标是什么，我为什么要做这份职业等问题。而缺乏目标，即失去了职业动机，对于我这样的人来说，可能就是一个巨大的缺陷和弱点。当你真正站上讲台开始面对现实，你就会发现，教育根本不是你想象的样子，你的课堂不会像你小时候玩过家家游戏时那么理想；你的学生并不完美，他们也不会像你小时候的玩具娃娃一样安静地坐在那里听你讲课，认真地吸收知识。在你刚刚开启教学生涯的头几年，人生看起来应该还是挺不错的，毕竟教学这件事，对于你来说还是新鲜而新颖的——更重要的是，你找到工作了！但是当工作中的挑战或学生行为的问题逐渐显现，而你同时又不知道自己的职业动机是什么，或没有一个明确而坚定的教学目标，那么想要继续坚持就变得很困难，你花在提升自我方面的时间和精力会越来越少。而我认为这也是很多教师在从事教育职业的短短几年之后就感到精疲力竭的主要原因。

如果我非要说自己在第一年的教学生涯中具备职业动机，那么或许这个动机就是个人的收获。我是一个富有竞争意识的人，我当时给自己设定的目标是成为学校里最优秀的教师。我想要让自己的学生考出最好的成绩。我想要成为一个获得全部荣誉和奖项的教育工作者。而我也愿意为此努力工作，我经常在学校加班到晚上9点。我的职业追求和道德让我对现实视而不见。我当时的想法是，只要我努力工作，我的学生就一定会认真学习并掌握他们需要知道的所有知识。当时的我自信心膨胀到了一种让我看起来很骄傲自满的程度。我认为自己绝对搞定了教学这件事儿。我的准备特别充分，我的课程设计也特别棒，而且我的课堂充满了活力。我的学生都在埋头苦学知识点，他们将会成为最好的学习者。所有这些都是我当时盲目的想法。

在教学生涯开始的头两年，我的专注点是标准化的教学内容而不是我的学生。我现在意识到，那是一种十分危险的心态（而且我现在公然反对这种心态）。因为我一直跟自己的学生们保持着不远不近的师生关系，所以我一直也不知道他们真实的想法。直到第三年，我才顿悟了师生人际关系的重要性和能量。我不禁扪心自问：我是否为这些孩子提供了他们真正需要的东西？我是从整体上看待这些孩子，还是只关注他们的成绩表现？我对这两个问题的答案启发我对自己的做法进行了二次评估，并借此掀开了个人教学生涯的新篇章。现在，我会经常检查和审视自己的职业动机，确保我的教学动机是关于学生和他们的未来。有一份研究结果显示，识字和文化能力是打破贫穷循环的关键因素，这让我备受鼓舞。我希望能够时刻确定自己为学生提供了获得人生成功的必备基础。

我的职业故事刚好与韦德的相反，因为他一直都很清楚地知道自己的职业动机是什么。他自己的人生经历就是职业动机的最好证明。他自己曾经就是那个挣扎于困境中的学生，他需要老师将他作为一个独立而特殊的个体看待，他需要老师给予他支持。我在自己班上也有跟他类似情况的学生，但我在很长一段时间之后才意识到我需要看到学生身上和身边的全部现实，而不仅仅是我自己想要看到的那部分现实。这就是为什么对自己现阶段所处的真实情况做出评估至关重要。你必须了解自己的目标，只有这样，当你在偏离轨道时，这个目标才能够让你步入正轨。虽然我们认为自信是获得创意突破的关键因素，但有时候过度自信反而会成为前进道路上的障碍。

韦德：在我成长的过程中，我的老师、教练和朋友是我人生中唯一正面和积极的形象。在我的家庭不定期地从我的生命中缺失的时候，他们是我生命中唯一持续存在的力量。我之所以想要成为一名教师，是因为我想要回馈他们给我的恩赐。我想要帮助那些身处困境的孩子，因为如果他们的生命中不曾有一个正面积极的形象，他们可能无法获得人生的成功——甚至无法活下去。这就是我的目标，而我需要这样一个坚定而强烈的职业目标来帮助我坚持上完大学，毕竟我当时几乎是孤军奋战。我的这个职业目标让我能够一直咬牙坚持下来。哪怕在我已经下定决心想要放弃，决定余生不如就在一个绿化团队或烧烤餐厅里打工度过的时候，是这个目标让我坚持了下来。

我刚刚成为一名教师的时候并不怎么自信。我有着严格的职业操守（这得感谢我的好友的父亲，他们以身作则，为我展示了职业操守的重要性），这让我能够帮助学生取得很好的考试成绩。但我依然在想要搞懂教学这个方面困难重重，而我也并不认为自己是一个多么优秀的老师。我在职业刚刚起步的时候清楚地知道自己的职业动机。即便如此，我还是会时不时地丧失自己的使命感和目标。有一阵子，我的职业动机是成为导师，因为我想要成为这些孩子的朋友和人生导师。到了我执教生涯的第三年，我又丧失了自己的职业动机，因为，当时我最关注的是孩子的考试成绩。因为我的学生总是能够考出整个南卡罗来纳州最好的成绩，然后我就开始觉得：好吧，要保持这样的好成绩，我的压力可不小。于是我开始针对测试进行教学，课堂都围绕着标准化测试展开——但实际上，我真正应该做的还是专注于我跟学生之间的良好互动和人际关系。

你必须时刻地约束和审视自己。你必须确保所有的课堂教学活动都围绕你真实的职业目标展开。每个班级都有十五到四十个学生，而这些学生都是活生生的人类，他们的困境和挣扎各不相同。从你踏进教室的那一刻起，你的职业动机就是学生的学习动机，所以你必须清楚地知道你将要为他们提供什么样的东西。霍普和我在这一点上秉持完全一致的观点。我有时候常常会想，到底是什么让我们这样两个有着截然相反家庭背景和成长经历的人最终走到了一起，并共同奋战于同一个学校的同一份职业，相同的追求和理想应该是唯一的答案。

你的职业动机可能与我们的不同，而且可能已经不同于你第一天踏上讲台时的那个职业动机。事实上，人们选择教育行业作为终生职业并一直坚持下来有着成千上万种不同的理由。

有些人选择成为教师，是因为他们对数学或历史或科学等学科有着浓厚的兴趣，并希望可以继续沉浸于该学科的学习和研究。而这份兴趣在他们成为教师后也会点燃学生同样的学习兴趣。

- 有些人喜欢体育运动并取得了相关的教育学位，因为他们想要成为教练。有的时候，这些教师在体操场地或练习场地充满了活力，但是到了教室里却缺乏能量——这可能是因为他们更擅长通过体育运动来强化学生参与度，而不擅长通过创意的教学策略来达到这个目标。
- 有些人想要成为教师是因为他们喜爱小孩。虽然喜欢孩子是大多数教师都要做到的一点，但这份喜爱在日常的教学实践中占据的比重很小。因为喜爱之情并不能取代教学内容和学习热情的重要地位。
- 有些人则看中了教师这个职业给予的时间灵活性：因为他们想要寒暑假休息时间，并跟自己的孩子保持一致的休息步调。
- 有些人则仅仅是把教师当成一份职业和退休的保障。每个人都要干点什么来谋生，那选择教育行业又未尝不可呢？

上面陈述的诸多理由中，有没有一条符合你成为教师的理由？你在做出成为教师这个职业决定之后，你的职业动机是否发生了变化？或许此刻你也应该开始着手重新审视自己的职业目标了。

❑ 为什么要了解自己的职业动机

现代教师对自我的感觉比以往任何时代似乎都要糟糕。因为他们往往缺乏资源和各方面的支持。对于很多教师来说，关于教育改革的持续争论让人无比灰心丧气，而当前的评价体系也让教师群体不时地怀疑自我。在面对所有这些全新的要求时，如果教师缺乏对职业动机的一个清晰认识，他们想要成为能力强且高效的教育工作者的意愿也将衰退。我们所有人都需要目标的力量，激发我们砥砺前行。没有坚定的职业目标，年轻的教师很快就会燃尽自己对教育行业的热情，然后在从业短短数年之后离开这个行业另谋高就。而所有能够坚持留下来的老教师，则可能在长达二十五年的教学生涯中，年复一年、日复一日地在同一个教室里重复同样的教学内容，而不知道自己的职业动机到底是什么。你可以很轻易地就认出这些教师——他们通常会拿着厚厚的一沓教案和试卷，并且更想要维持现状而不是尝试任何新的改变。

不清楚自己的职业动机会导致严重的问题。因为作为一名教师，你的职业动机将直接激发学生的学习动机。作为教师，你的工作职责之一就是给这些孩子提供符合他们自身情况的理由和目标，让他们可以坚持从幼儿园一路读到十二年级——我们需要再次强调的是，你所提供的理由和目标，绝不应该是因为他们作为学生必须出席课程这个事实。如果你作为一名教育工作者，不清楚自己的职业动机，那么你如何能够以身作则为学生提供一个学习的目标和动机？如果你站在教室里就是为了向学生展示那些为了取得好的考试成绩而必须背诵的内容，那么对于这些学生而言，教育的意义到底是什么？——难道教育就等于每年末的那一份考试成绩吗？如果是这样，那么你的教育就是围绕标准化考试的内容而开展的，并没有以学生为中心。如果你的职业目标是激发学生的学术好奇心，培养他们对于学习的热情，那么你一定可以找到那些不以标准化考试内容为核心的教学方法。（而我们将会在这方面为你提供帮助，所以请继续往下阅读！）

最近，随着社交媒体的兴起，我们发现一个全新的职业动机也随之凸显。因为我们在浏览Pinterest 或Instagram上那些“必须关注”的知名教师账号的内容时，往往是在看他们发布的这些有趣而出彩的内容，并瞬间感到自惭形秽和能力不足。或许你对于这种感到自己不够好（或不够有创意）的感觉能够感同身受。我们也可以照搬他们的一些课程设计，但这种生硬的照搬可能完全不适合我们自己的学生。试图跟Instagram上面那些著名的教师比肩并不是一个很好的职业动机。寻求他人的认同或安慰同样也不是有效的职业动机。能够获得他人的认同当然是好事，但这不应该成为你保持职业热情和教学能量的唯一驱动力，因为在很多情况下，你需要在无人认可的时候依然继续自己的努力和付出。归根结底，你的学生将会成为你职业动机的核心驱动力。你所具备的职业动机的能量，必须能够源源不断地为你的教学工作提供动力，为你的课堂注入活力，并促使你的学生快速发展，直到获得优秀的学业成绩，并借此获得更为长远和伟大的成就。

所以，请抽出一点时间来反思一下自己的职业动机——它就是你开启教师这份职业的初心，是你现在依然坚持不懈工作的理由和你希望未来可以实现的终极目标。当你能够坦然地接受自己当前的状态，不试图回避或隐藏任何缺点，那么你就真正打开了一条通往创意发展和突破的大门。

第五章

发现自我突破的渴望

当你的意愿足够强烈，你看起来就像是拥有了超人一般的能量，无所不能！

——拿破仑·希尔

激情是释放创意的一种伟大力量，因为当你对某样事物充满了激情，你就更有意愿去承担更大的风险。

——马友友（YO-YO Ma），著名华裔大提琴演奏家

❑ 第二步：挑战自我的承诺并迈出舒适区

我相信，每个人在听到《汉密尔顿》（*Hamilton*）歌剧原声带中“亲爱的西奥多西娅”这一句歌词时都会哽咽，因为这首歌真是听得让人心碎。亚历山大·汉密尔顿和艾伦·波尔在迎接自己的孩子降临这个世界的时候，他们的唱词中充满了为自己的孩子在一个全新的国家诞生打下坚实基础的美好期许。在他们看来，革命已经成为一个全新的机遇，让他们能够为自己新生的孩子创造一个更美好的世界。

尽管汉密尔顿和波尔在歌剧中以政治对手的方式出现，并最终成了不死不休的敌人，但这两个角色在为自己的孩子提供一个具有价值和意义的人生方面具备着同样的渴望。他们都承诺将不惜一切为自己的孩子创造一个良好的环境，为自己的孩子创造无穷的机遇，希望孩子有朝一日也能够在这个世界上留下自己存在过的印记。这两个身为父亲的男人，在自己人生的早期都成了孤儿，因此，他们更懂得命运的无常和孩童时期就丧失了家庭庇护的艰难及困境。因此，他们更有动力为了自己的下一代，从根本上改变自己当前身处的世界面貌。

多么伟大的父爱！

关于这部歌剧，可以聊的东西太多了。首先，这是一部让人热血澎湃、全身心投入的一出好剧。《汉密尔顿》让历史变得嘻哈、有趣和平易近人。但我们在这里真正想要强调的是，孩子值得他们生命中的成年人做出这种“我会为了你改变这个世界”的承诺——不仅是他们的父母，还包括他们的老师。作为他们的老师，你只是准时出现在课堂然后完成上课是远远不够的。你必须有一种强烈的使命感，并让这种使命感驱使你不断地努力和创新，直到你能够创造一种让自己的学生终生难忘的学习体验。

这就是为什么你对自我突破的渴望会成为你在创新突破之路上迈出的第二步。想要培养出一种毫不动摇的使命感，一种不惜一切代价豁出去的职业态度，你首先要从渴望成为一名更高效的教育工作者开始。在你完成自我评估并接受自己的真实现状之后，你可能会发现自己的突破渴望自然而然地跳了出来。我们在完成负面评价的反思之后往往会产生这种感觉。一旦我们承认自己尚有提升的空间，（谁不是这样呢）灵感的小灯泡就开始发光并照亮每一个角落。一瞬间，我们好像拥有了成千上万的创意，让我们可以尝试不懂的新事物。

我们希望此刻的你也同样渴望去拓展、成长和提升。但我们需要警告你的是，改变是要付出代价的。在一开始就意识到这一点对你大有好处。因为哪怕是最细微的变革也会需要你做出一定的牺牲和奉献。你将需要放弃自己个人的自由时间来完善自己的草案。当你试图在教室里尝试一些新东西时，你将需要放弃某些控制学生和课堂的手段。当你试图继续尝试某个连你自己都觉得尴尬或紧张的活动时，你将会牺牲自己的自信心。（当然这只是暂时性的！）当你提出一系列以“假如……”开头的问题时，你将有可能失去那种一切尽在掌握的安全感。

如果你感到了挑战自我的迫切性，或做出哪怕一点点改变的渴望，那么这就是一个进步的积极信号。当这种信号出现时，你要怎么做才能够凭借这种突破的渴望采取行动呢？有的时候，最好的办法就是设定一些短期的小目标，然后采取循序渐进的行动。因为当所有这些较小的努力获得积极成效时，这些经历将能够强化你个人继续提升的渴望。

韦德：当我还是一个新手教师的时候，我会反复反思自己要怎么做才可以让自己把教学或课堂管理做得更好。我给自己的学生设定了很高的目标，因为我希望他们能够做好充分的准备，迎接命运给予他们的任何安排。一开始，我在教学中运用了一种教练的心态，营造了一种极具竞争性的课堂氛围，并不断地推着学生去获取成功。但是这个方法并不适用所有的学生，然后我意识到我必须做出一些改变。我需要一个全新的思维模式和全新的教学策略。于是，我开始观察其他教师的做法。我观察到他们在自己的课堂上实践了一些有趣的东西——但即便如此，我也花了很长的时间才下定决心在自己的课堂上开始尝试一些新做法。因为我当时对自己没什么信心。到了最后，我知道必须挑战自己作为一名教师的信心，因为我知道如果自己不这么做，我的学生就没有办法充分发掘和展示他们的潜力。这种对于突破的渴望迫使我对自己的职业目标和动机采取行动，而这也最终让我能够利用自己在音乐方面的天赋，创造一种创新课堂的模式。

从小处着手进行改变的好处就在于，最糟糕的后果也不过是一些无伤大雅的小错误或一些可以承受的小挫折。但是到了某个阶段，你必须开始做出更大的变革并承担更高的风险。你可能需要全身心地投入某种变革但最终遭遇彻底的失败。这也没什么大不了。一定要记得提醒自己，只要你采取了变革的行动，那么在创新突破的过程中，无论行动成败，都可以被视为一种成功。让这种进步的感觉，而不是追求完美的态度，成为你继续提升和成长的渴望之源。不要让某一次重创或失败扼杀了你实现创意突破的渴望。

让这种进步的感觉，而不是追求完美的态度，成为你继续提升和成长的渴望之源。

❑ 不要蜷缩在自己的舒适区里

你身边可能有一些人愿意每天坚持几小时挥汗如雨的运动，或花上整个周末的时间从事让人精疲力竭的家装工作。他们愿意忍受和付出这些体力方面的牺牲，是因为他们想要达成一些既定的目标。但是你可以尝试询问一个可以毫不犹豫参加铁人训练项目的硬汉，问他是否愿意对着一群人唱一首卡拉OK，或穿着小丑的服装站在街角，很有可能你会遭到拒绝。绝大多数人都会抗拒或避免去做一些自己并不熟悉的事情，原因并不在于这些任务有多复杂，而是因为他们无法控制自己内心的不适或不安全感。相信我们，我们也曾有过类似的经历。在我们已经踏出自己的舒适区如此远的距离之后，我们依然担心教室里这些十二岁孩子会对我们做出不好的评价。但正如作家安妮·拉莫特（Anne Lamott）所说的那样，“做些让你感到不舒服的事情是好事，这就是人生的负重训练”。而这也是一个吸引和留住学生注意力的好办法。

我们经常听到“跳出自己的舒适区”这种表述，听得太多了就感觉是一种老生常谈。但这个概念实际上来自组织心理学，这个领域已经有无数的前期研究论证了舒适区对工作绩效和表现的影响和作用。组织心理学的模型中存在三种区域，我们将借鉴这些知识并稍加调整以适应我们教育改革的目标。下面是我们针对教师提供的三种区域模型：

- **舒适区**——如果你大部分职业生涯都待在舒适区，那么你很可能不会遭遇任何职业压力，因为你根本不会承担任何风险。你身处一个熟悉的环境，具备很强的掌控感，而且你很少遭遇意外事件。你的课程设计早已反复实践，你会特别喜欢厚厚的试卷和教案，并倾向于采用“无准备”的活动来培养学生的学术技能。而午餐时间则是与同事联络感情的美好时光。

这么一听，教学工作是不是小菜一碟？

- **创意区**——这是你开始自我突破的地方，也是学生参与度开始提升的地方。你同样能够在课堂上感到如鱼得水，这是因为你已经创造了一个适合自己又充满活力的环境。你通常都会很乐意来上班。你在午餐时间会跟学生坐在一起，因为你可以在这段时间更多地了解他们。压力？肯定会有，但尚在可掌控的范围之内。你在规划和开展全新的课堂活动时会感到轻微的紧张，但这种适度的紧张感也能够帮助你保持创新的动力。

- **恐慌区**——我们不得不坦白地承认，所有人都会时不时地陷入恐慌区。恐慌区最突出的特点就是焦虑感不断加重，而如果你在这个恐慌区待了太长时间，你就会开始怀疑人生并严肃考虑是否彻底跳出教育行业。因为你已经被学生的各种行为问题、学校的各种晨间活动、大量需要批改的作业、需要审核的各种教学内容、层出不穷的地区教学新政、家长提出的各种问题等无穷无尽的麻烦给彻底压垮了——直到你每天抱着上坟的心情去上课。而你手机里不堪重负这个表情包也将会频繁地出现在你的聊天信息里。

组织心理学认为，经历前述三种不同区域是正常现象，但最好的工作业绩和工作满意度往往会发生在被称为创意区的中间区域。而且你不需要证明自己是一个创意天才也可以到达这个创意区。你要做的不过是在自己感到过分舒适的时候，产生一点点改变现状的意愿。

韦德：我在课堂上尝试的创意活动一开始主要与音乐和竞赛性游戏相关。这些活动比较适合我作为一名音乐人、运动员和竞技人员的特质。我并没有打算尝试类似房间大改造这样新颖的改变，因为这已经超出了我的创意能力范围，这也超出了我的舒适区范围。然后在某一年的家长开放日，我突发奇想要在自己的古代文化课上穿古埃及的服装上课。我自己也不知道这个想法怎么来的，因为我以前从来没有穿着角色扮演的服装上过任何课程。我跟霍普提起了这个创意，然后她全力支持这个想法。“如果你想到了这个主意，那肯定就是命运注定你需要这么做。”她是这么说服我的。

我喜欢给孩子提供惊喜这个想法。那么有什么比我这个从未尝试过角色扮演的老师穿上历史服装更让孩子们喜出望外的做法呢？但是真正到了那一天，我觉得很羞愧和尴尬。我想我可能一直在浑身发抖，因为我太紧张了。在我穿上这些古埃及的服装时，我脑子里想的是：当年和我在老家一起做教练的同事看到我现在这个样子，又会怎么想呢？

万幸的是，这个创意的效果还不错。我就穿着古埃及的服装在那儿站着上课，下面是一群乐不可支的孩子，但是他们都全身心地投入了课堂学习，并且听得全神贯注。课堂效果好得出乎意料，因为所有来观摩课程的学生家长也很喜欢。他们根本不知道我以前从来没有穿着角色扮演的服装上过课，因为我看起来表现得特别自然和熟练。（就像那句老话说的：持之以恒假装你很熟练，直到你成功为止，对吧？）在这一次的尝试中，我探索的不仅是一套角色扮演服装的效果，还探索了一整套全新的教学方法，主要是想看看这样的方法能不能激励学生的参与度。既然我投身教育行业就是为了对学生的人生产生一定影响，那么为什么不能成为他们生命和日常生活中那个不可确定的因素呢？毕竟，孩子都喜欢那些让人觉得疯狂的事物。

霍普：我们总是很积极地参加学生或他们的家长邀请我们参加的课外活动。几年前，我们接到了一个参加生日聚会的邀请，但在抵达现场的瞬间，我就开始紧张得汗如雨下。那是一个场面庞大的舞会。我瞬间全身心投入了氛围中，DJ播放的动感音乐、霓虹灯闪烁的舞池、节奏感十足的人潮，还有舞池里跟着音乐欢乐舞蹈的孩子们（甚至还有一些成年人）——而我在这样的热浪之下几乎就要崩溃了，因为我压根儿不会跳舞。我知道孩子们肯定会极力把我拉进舞池，于是我立马掏出相机开始各种拍照，希望可以躲过跳舞的厄运。

但是孩子们根本没有体谅到我的苦心。他们不停地请求和哀求我。他们拉住我的衣角、挽住我的胳膊，试图把我朝着舞池的方向拉。“不用啦，我玩儿得挺开心的，我就站在这里给你们多多拍照就好啦，因为你们都太可爱啦！”我不停地劝着他们。但他们根本就不肯放弃。哪怕他们的家长已经跟他们说：“你们就让金女士自己待着吧，她好像不想跳舞。”终于，孩子们在二十分钟之后放弃了，谢天谢地！

然后一个学生单枪匹马地朝我杀来。斯宾塞在六年级时候是我的学生，我对他的要求也颇为严厉，督促得很厉害。“加油，斯宾塞。你肯定可以做得更好。你要更大胆，更自信。要踏出自己的舒适区。哪怕装，你也要给我假装更努力。所以再给我加把劲儿。”这些都是我当年用来勉励他的话。

“金女士，能跟你聊两句吗？”他问道。

“没问题，老伙计，怎么了？”

“金女士，你也没能每天实践那些你跟我说过的道理。你告诉我要大胆尝试，要踏出自己的舒适区，但你今天在这里就没有踏出你自己的舒适区。”

天哪，我吃惊得倒退了好几步，我是刚刚被一个六年级的孩子给教育了吗？

就是在这个时刻，我意识到身为教师，我今天表现得是否完美根本不重要。我能不能跟上音乐的节奏或是跳出正确的舞步也不重要。真正重要的是以身作则，示范自己所传递的道理。如果我自己都没办法跳出自己的舒适区，我怎么能够要求自己的学生去这么做呢？这次事件之后，如果我的学生们在跳舞，我就会跟他们一起跳。但我会假装意识不到自己的表现，因为我根本没有任何的节奏感。而我每个周五下午都要经历这么一次尴尬，因为在一周结束时我们通常都会开一个小型的预备会。孩子特别喜欢这个活动。而且他们也不会评判我的舞姿到底好不好……好吧，或许有的时候他们私底下这么做了，但我不知道！而且，谁会在乎呢？我自己玩得挺开心。孩子玩得很开心。而且他们欣赏我想要跟他们建立更紧密关系的渴望。如果为了跟学生建立更为紧密的师生关系意味着我要跳出自己的舒适区，那么，把音乐放起来吧。

我们希望你可以像我们一样重新开始审视自己与不自在感觉之间的关系。选择你常用教学风格之外的某样事物——无论是一件道具服装、一首歌曲或一个游戏——然后跳出学生习以为常的那些通用教学方法的束缚和限制。为自己的学生提供一次不同寻常的学习体验。你要学会与这种不舒服和不自在的感觉和睦共处。当你跳出自己的舒适区，你可能会感到无地自容或十分脆弱，但这都是正常现象。你甚至可能会发现其他教师侧目于你的做法，因为他们早已不喜欢任何创新或与众不同的东西。毫无疑问，你的一些同事会开始揣测你为何忽然之间需要一首歌或一件道具服装来教授你的教学内容。这个理由就是学生参与度。很快你就会发现自己的学生充满了参与感，他们迫切想要知道你接下来要做什么，迫不及待想要体验你下一次不走寻常路的课程。而在这个过程中，你会逐步成长为学生生命中那一张百搭王牌。

❑ 第一个创新启动点：一个微笑

你可以通过改变某一件事情的做法来开启自己的创意之旅。即使是一些很微小的改变也能够带来显著的成效。如果你依然认同我们的观点并秉持突破的渴望，但你不知道如何着手——而且你也不准备为自己的课程写一首新歌——那么我们将为你提供三个适用于所有人的创新启动点。

这三个创新的启动点分别是：一个微笑、一种激情和一份热忱。听起来太简单了是吗？先别着急下定论，擦亮眼睛接着往下看。

这三个创新启动点是天然的出发点，因为你很难找到任何借口说自己做不到这三点。它们不要求你付出时间、金钱、准备或计划，所以假如你在实施这三个创新点方面有什么障碍几乎可以忽略不计。而且，从表面看来，你也并没有着手改变任何事情，所以你的自我意识和羞愧感也不会变成巨大的障碍。无论你是谁，无论你在什么样的环境和背景中开展教学工作，无论你在哪个教学区执教，无论你的预算多么有限，无论你的上司是否支持你的教学改革，你都可以从这三个创新启动点中选取一个或全部来开展实践。即便如此，对变革的渴望往往会伴随着一定的牺牲和奉献，而这三个创新启动点——一个微笑、一种激情和一份热忱——也不例外。而你需要做出多大的牺牲，取决于你从哪里出发。对于我们某些人来说，它们之中的任何一项都会让人生无可恋。

无论如何，让我们从微笑开始。

霍普：我相信很多教师认为自己在微笑的时候，实际上没有任何笑容。假如你是一个奉行严格课堂纪律的老师，那么严肃苛刻的一面就会占据上风。我曾在一次教学评估中犯过类似的错误。我十分尊重的一位教学督导一次走进了我的教室来观摩我的授课。我当时充满自信，因为我知道自己的教学内容十分丰满，我的课堂氛围也十分欢乐，整个教室坐满了充满热情和主动学习的学生。我认为自己完美地搞定了这次课程，并且认为除了赞扬，督导不会给出任何负面的评价。

然而，事情的结果却大大出乎我的意料。当我下课后去见督导时，我的课程内容不出意外地得到了极大的肯定；但这不是重点。重点就是，督导接着说："霍普，我必须坦诚地指出你的不足。你对学生抱有极高的期待，这没有什么问题。但你犯了一个错误：你在教学过程中没有笑容，你一次都没有笑过。你的学生脸上也没有任何笑容。"

这个批评对我的打击超乎你们的想象。我回到家之后哭了整整三天。因为我不肯相信那个严苛、脸上没有任何笑容的古板老师就是我，而且我原本也不想成为那样的教师。在我的想象中，我的课堂氛围是充满了快乐、幽默和喜悦的——但事实上，我根本没能实现任何一项。我跟亲妈分享了这次事情，也跟韦德讨论了这个遭遇。等我从自我否定的黑暗深渊中恢复过来，我做出的第一个决定就是告诉我自己，"我要改变这个现状"。督导给出的伤人批评成为我改革的动力，然后我开始着手改变自己的课堂展示模式。我把自己所有的课堂教学都拍摄下来，然后不断回看。我会刻意地要求自己要面带微笑地上课了。我变得特别关注并刻意去调整自己的仪态和自己营造的课堂环境。就这么简单的一个决定——上课时面带微笑——触发了我职业生涯中最显著的一次跨越。而在接下来的教学评估中，我的督导也肯定了我给课堂带来的种种积极的转变。此外，当你看着自己的学生并且发现他们的脸上也挂着笑容，其实是一件赏心悦目的事情。而这也会让你充满动力。这也是让你继续改革和创新的一个强有力的理由。

微笑不仅是内心幸福和喜悦的一种表达，更是一种非语言的交流方式，同时还是一种活跃课堂气氛的方法。你脸上的一个笑容表达了你对于学生的兴趣。这个笑容也能够帮助你建立与学生之间的积极师生关系，因为你脸上的笑容向学生传递的信息是：你是一个开放且容易接近的老师。而且笑容是会传染的，因为你笑了，你的学生也会更容易面带微笑。心理学和生理学研究方面已经提供了大量证据，可以证明微笑这个举动能够触发大脑中枢，其能效等同于能够让你的大脑感到愉悦的巧克力棒，而这将会整体提升你的情绪，而且还不用担心摄入过多卡路里！这就意味着你不一定在心情极好的情况下才可以面带微笑，而是反过来，通过微笑这个行动来提升自己的情绪和整体的气场。

如果你不是一个天生爱笑的人，那么提醒自己每天早上用微笑迎接自己的学生进入教室可能会费不少力气。在学生眼中，你可能是一个

"万年扑克脸"而你仍然不自知，因为你可能内心十分愉悦并且自以为脸上挂着笑容。或者你恰好处于人生或职业的低谷阶段，感觉没有什么值得微笑或开心的事情。或者，你可能感觉自己已经对教学丧失了热情，又或者没有什么东西能够激发你的激情。这些可能是很难克服的个人问题和障碍。但请你牢记于心，当你每天踏进校门的时候，就应该抛掉以自己为中心的心态。你的理想心态应该能够反映你作为一名合格教师的使命和目标。从你踏进校门的那一刻起，所有的时间都应该专注于你的职业目标。

当你每天踏进校门的时候，就应该抛掉以自己为中心的心态。

研究人员表示，要培养一个全新的习惯至少需要坚持二十一天。所以你的第一个改变，或许应该是下定决心在未来的三个星期确保自己每天都对着学生微笑，哪怕你的内心根本没有想要微笑的感觉。如果你曾经尝试过挤出笑容，你就会知道这其实不是一件容易的事情。你甚至需要一定的毅力和决心才能够坚持二十一天都面带笑容去上课。（而这也意味着你在周末的时候也不可以放松自己！）

❑ 重新发掘自己的激情和热忱

当我们在工作坊谈到激情和热忱时，大多数参会的老师往往会强调这二者之间的区别。二者之间的关系十分紧密，但激情更强调内在的动力，而热忱则强调外在的激励。

激情指的是一个人发自内心地对某种活动或事业感兴趣或感到兴奋。这是一种内在的驱动力。当你对某样事物充满激情，你就会自发地为此投入你的时间和精力。个人的兴趣爱好就是体现激情作用的一个好例子，因为你在个人兴趣爱好上投入的时间和精力并不是为了谋生。你是否自愿加入了合唱团？或主动成为流浪动物庇护所的志愿者？或花上整个周末的时间打理花园？有时候，我们会在激情的驱动下无比投入地去坚持某一种兴趣爱好，使得它最终成为我们的一个特质或标签。人们开始用马拉松跑友、诗人或吃货等标签来表达自己的身份。所有这些兴趣爱好的坚持并非为了赚取活下去的薪水，而是为了获得个人的满足感和成就感。培养和坚持兴趣爱好实际上是放纵个人激情的行为。

如果你是一名刚刚大学毕业的新手老师，你可能会对自己的教师职业怀抱一份激情。你还记得自己第一次整理好教室的心情，和看到自己第一个班的学生走进教室坐下时的期盼吗？或许你的感觉是你终于踏上了回应人生召唤的道路，或认为自己终于有机会在这个世界留下属于自己的印记了。如果你刚好教授的是科学或历史等较为冷门的科目，那么你可能的确拥有——或曾经拥有——对这些科目的激情。但你可能已经开始渐渐地丧失这种激情。尤其是当你作为一名小学教师，需要在每天的教学工作中教授不同的课，秉持这份对科学或历史的激情并非易事。因为在漫长的一整天教学中，肯定会有某个时段的课程是你根本不感兴趣的。正是在这种情况下，你会对自己作为一名教师的人生感到困惑。也正是在这样的情况下，你可能会忘了自己想要成为一名教育工作者的初衷。

老实说，你有多少次曾经对自己这么说：我不喜欢今天要教的课，所以今天肯定不会很顺利了。正如你的职业动机会决定学生的学习动机那样，你对教学内容是否有激情也将直接对学生产生影响。如果你教授内容的形式既不有趣也不活泼，那么我们可以保证你的学生根本不会买账。因为孩子根本不会接受任何无聊的东西。他们也不会接受任何令人厌烦的内容。如果你发现自己不得不反复强调或教授同样的内容，或者你的学生看起来根本没有认真听课，那么极有可能是因为身为教师的你既缺乏激情也缺乏热忱。

所以，我们为你提供的职业激情培养的101种方法速成班就是：你不一定需要对数学里的分数，或英语里的不规则动词或所有化学元素的化学特性充满激情，但你必须对呈现这些内容和教学素材的方法充满激情。思维层面的类似转变能够让你充分发掘自己在音乐、运动、游戏或你自己喜欢的任何事情方面的潜力，并将普通的教学内容变成不同寻常的有趣课程。还记得那些你发自内心喜欢的兴趣和爱好吗？在本书第七章中，我们将为你提供可借鉴的方法来发掘这些兴趣爱好，用它们来充实你的教学内容，就像把一束激光不断凝聚直至产生那一丝灵感的火花。你的课堂将会因为这一丝火花的能量而产生积极的化学反应。然后，你会听到“砰”的一声，学生的学习热情就爆发了。

当你对自己的教学内容和教育孩子产生了真正的激情，它就会体现在你的一言一行之中——而这就成为一种热忱。热忱是显性和外在的。这是你向周围的人展示你个人内在激情的一种方式。它是你声音中的热情与强烈的兴趣和你为所有教学步骤所做的准备，也是教学内容展示出来的活力与生气。这是你向学生展示自己所教授内容具备价值的一种方式。而带有个人明显特质和标签的热忱也将因人而异。我们学校的所有教师都是充满了热忱的教育工作者，但每个人表达这种热忱的方式完全不同。那些静默而强烈的热忱所具备的能量不会低于那些充满活力和动态的热忱。

热忱能够触发创新。它能够塑造课堂的环境和文化。它将体现在教室的装饰之中、教师开始每节课的方式之中以及教师与学生建立的人际关系之中。当你带着热忱开展教学工作，你将会在自己的课堂上掀起一阵无形的小型风暴。你的热忱将会传递到教室的每个角落，而你的学生也将被你的热忱所感染和触动。他们将对学习充满兴趣，所有的教学内容将萦绕于他们的心头，他们将能够记住所有这些内容，不仅是因为他们对这些内容感兴趣，还因为你运用了能够激发他们内心兴趣的教学方法。教师的热忱是会传染给学生的。

韦德：表达自己对课堂热忱的方式可以非常简单，有时候你只要站起来在教授课程的过程中游走于学生之间就能够实现。当你的学生在做测试题时，干吗？很多时候我就想坐下来开始批改试卷。但是有一天我突发奇想，决定：我今天不能这么做，我要在教室里走动巡视。于是我这么做了。在我走动并且经过学生身边的时候，我会轻轻地将我的手掌放在他们的肩头几秒钟，就好像轻轻地拍了一下他们。我刻意和有意识地这么做，而学生也十分受用。我的这个姿态向他们传递了一个信息，即对于我来说，他们是很重要的，而且我很在乎他们的成功。教室里的氛围瞬间就提升了，而我甚至什么疯狂或出格的事情都没干。我并没有带着自己的吉他在教室里疯狂地蹦跳，也没有大声唱歌打气或是做类似疯狂的事情，我只不过是在他们考试的时候在教室里走动而已。在他们整个考试过程中，我一直都站着没有坐下。向学生展示你的热忱，有的时候就是这么简单一个举动就可以做到。

带着热忱开展教学工作还有其他诸多好处。充满热情的教师往往能够跟学生建立非常良好而紧密的人际关系，因为他们把每个学生都看成独立的个体。他们在开展教学工作时，教的并不是整个班级，而是各个有着不同性格和差异的学生个体。他们对每个学生的未来都充满了期盼，对每个学生的潜力都充满了信心。他们不仅仅是口头上说自己的学生能够改变这个世界，他们是打心底里相信自己的学生能够改变世界。

他们教的不是整个班级，而是各不相同的学生个体。

当其他教育工作者到访罗恩·克拉克学校时，他们会一致称赞我们的学生整体看起来都十分快乐。他们之中很多人认为，因为我们是一所私立院校，我们的教学主管会特意挑选那些具备特定学习态度或行为的学生。但他们根本就是错得离谱。我们即将入学的五年级学生也不过是从公立学校系统中招纳进来的普通学生。他们跟你们的学生没什么两样。他们也是一群有着不同的长处或短处的孩子，他们也同样面临着相当严重的问题或困境。而我们的制胜秘诀就在于：我们并没有筛选那些充满快乐和幸福的学生；而是孩子们在校园里接触到的每一个成年人每天都以身作则，向他们展示自己的激情与热忱。而所有这些积极向上的氛围最终也将感染和感动所有的学生。

❏ 坚持不懈地假装拥有激情和热忱，直到你获得成功

这是一句再俗套不过的说辞。但无论如何，我们还是要再次强调它所传递的真理。在你试图养成微笑—激情—热忱的良好习惯的过程中，假装是一个必经的过程。当你感觉自己根本没有任何激情或热忱的时候，一定要记住面带微笑地走进教室。哪怕你无法确定自己是否能够重拾对教育的激情，那么就假装自己已经找到了这种激情，然后带着这种伪装采取行动，或者尝试将某些个人的激情融入教学工作中。同样的做法适用于热忱——如果你的确没有，那么请在必要的时候假装。你只需要有意识和刻意地微笑，发掘自己的激情，向学生投射你的热忱，那么你就可以坐等奇迹的出现。在很大程度上，你的日常教学工作会变得越来越好，而这将促使你再次尝试假装的做法。

只有你自己可以决定你个人专属的激情和热忱应该以什么样的方式呈现。如果本章内容让你感到紧张，那么我们可以向你保证，你绝对没必要把自己搞成哗众取宠的小丑，因为在你的想象中，热忱的教学手段就意味着身为教师的你需要像火烧屁股的兔子那样上蹿下跳！你的微笑就已经足够独特了，就像你独有的指纹一样。同样的道理也适用于你个人呈现自己内在激情和表达自己外显热忱的独特方式。我们并不是要求你假装一些你本身不具备的特质。所以请秉持自己独有的激情和热忱，

但记得充分地呈现并发挥它们的巨大能量。

霍普：很多人认为我是个充满自信的人。因为他们看到了我在课堂上的种种疯狂尝试，然后就默认我就是这样的性格，也能够做出这样的事情。但事实上，在我每次打算进行教室大改造时，我都会质疑自己。每一次我穿上道具服装去上课时，我也会质疑自己。我觉得在登台的前一分钟依然感到紧张或自我怀疑是人类的本性。但如果我站在自己的学生面前，表现得因为自己身上的轻佻和性感服装——或因为自己介绍的欢呼或赞美诗——感到尴尬或羞愧，那么我的学生也会感到尴尬或羞愧。这个时候我就需要假装自己很有自信。如果我表现出来一副对自己的所作所为无所畏惧的姿态，那么我的学生也能够自然地接受。他们会感到兴奋，因为这是一些与众不同和出人意料的东西，而且他们能够很轻松地接受我要求他们扮演的角色，因为他们看到我很适应自己所扮演的角色。身为教师的我们永远也不能让自己的学生看出来我们感到尴尬，哪怕我们的内心已经恐惧到崩溃，因为所有这些情绪是会感染学生的。

我们经常听到教师决然地说自己不是娱乐者，而且他们成为教师不是为了娱乐自己的学生。但我们对于教学的理解可能有所不同。在我们的工作坊里，我们会要求参会教师把自己作为娱乐人物来开展充满趣味的教学尝试——而如果他们没办法接受教学中娱乐的一面，那么他们可能需要去寻找一份全新的职业。我们希望教育可以成为让学生一鸣惊人的行动，让他们可以一飞冲天并打破所有的纪录。当然，我们所说的并不是什么无厘头的搞笑。但是作为教师的你，无论当天过得是好是坏，在踏进教室的那一瞬间，就应该扮演某个角色，至少也应该扮演最优秀的你自己。

想象一个正在开演唱会的歌手，每天晚上都穿上最闪亮的演出服装，勾勒出自己身材最美的线条，跟乐队的成员打趣，寻求座无虚席的观众的欢呼和鼓掌。哪怕她在舞台上唱得声嘶力竭，娱乐小报也只会写她生活的方方面面都陷入崩溃。哪怕她自己处于多么心碎的状态，她都要为了买票进场的观众呈现一台充满魔力的表演。你猜怎么着？你的“观众”也与你的日常活动休戚相关，至少从星期一到星期五是这样。就像那位歌手一样，你也需要为自己的学生呈现充满魔力的表演。在你踏进教室的那一瞬间，你必须放下所有的外界干扰因素，然后竭尽全力呈现自己最佳的表现。而这一切都要从你的面部表情、你的肢体语言和你的声音中体现出来。所以，你的脸上要挂上笑容，抛掉死气沉沉的声音，然后充满热情和兴奋地呈现你的教学内容。

当这个世界正常运转，而你也做好了准备要一鸣惊人，那么这个微笑—激情—热枕的制胜秘诀就是你获得成功的最简单方法。但如果你已经尽了自己最大的努力，脸上挂着笑容，充满激情和热忱地去讲课，还是没能看到立竿见影的效果怎么办？很简单，再尝试几次。你可能正处于各种糟糕的状况之中，可能你的内心感到破碎，你的家庭生活让你无比失望，家里没来得及洗的衣服堆积如山，而你还忘了吃午饭。即便如此，你也要面对这样一个现实，不管生活多么闹心，你还是必须去上班，每天从早上8点到下午5点，你都必须出现在教室里。无论你的世界里发生了什么，这就是雷打不动的现实。所以，抓住一切机会在这段时间呈现你最佳的表现吧！如果你连一个微小的改变都无法实现，何谈成功？如果你第一次失败了，不妨再尝试一下这个微笑、激情和热忱的方法。如果你能够假装得足够久，那么你很快就不会觉得自己是在假装，你就可以真心实意地去执行这些改变。很快这些就会成为你的日常习惯，成为你生活中既定的事实，正在发生的转变，而这也是积极发展的第一步。

教育工作者本质上也是娱乐人物和表演大师。所以身为教师的你，也必须成为一个表演大师。你现在拥有了自己的舞台，那么你将如何利用好它？你能够呈现一场座无虚席的表演吗？你对于这个结果的渴望，不应该逊色于小甜甜布兰妮对于一个满满当当舞台的渴望。[很巧的是，在牌局中，“满座”（full house）也有决胜牌面的意思] 当你开始上一堂课时，告诉自己，好戏开场了！确保你可以吸引全部观众的注意力，这样，每个孩子都会全神贯注地听讲，无论他们处于什么样的学业水平。让他们全身心地相信学习是一件很酷的事情，而且知识具备无穷的能量。现在开始展示你的教学魔法吧！

第六章

自我反思

我们终会活成自己描述中的样子。

——琼·迪迪昂（Joan Didion）

学习三道：思之而得最尊贵，效之而得最容易，行之而得最艰苦。

——孔子

❑ 第三步：反思自己的创意之路，它未来会是什么样子

有无数的教师曾经问过我们如何将创意带进课堂，这让我们意识到，很多教育工作者只要知道如何去做，都有这个意愿来开发自己的创意能量。相信自己具备创新的能力可能对你来说是一个全新的思维角度，而你也可能心存疑虑。我们也已经预料到了。因此，在你大步前进之前，你应该花一些时间来思考自己想要在自己的教学风格和手段方面做出的变革。虽然你不需要一次性把整个创意过程完全规划好，你仍需要对自己从何着手有一个大致的概念，然后才可以规划一些启动步骤。

开启全新的创新之路要求我们对自己的过往进行反思：你过着什

么样的生活？你的长处、经验、教育职业的经历以及你在课堂和校园之外是什么样的人等信息。盘点自己已经掌握的技能、已经培养的兴趣爱好、已经达成的目标、已经完成的旅程以及那些让你感兴趣的主题。所有这些东西将成为你的内在灵感之源，能够为你提供源源不断的创意。这就是为何自我反思会成为塑造个人独有的创意品牌不可或缺的成分。

请记住，在这条创新道路上，我们真正关注的并非教授的内容，而是教授的方式。因为创新的教授方式能够激发学生的课堂参与度，所以你需要明确和开发对自己来说效果最好的创新授课方式。你可能要充分利用自己作为一名教师已经掌握的资源，但你也应该做好变革的准备。（如果你一直以来都是依赖着厚厚的教案而生存，那么你现在就可以把它们都扔掉。）你能否借鉴他人的创意？当然可以，但是一定要符合你个人的真实情况。

如果你原本就是一个倾向于自我反思的人，那么这个步骤对你来说相当容易。但如果你平时很少进行自我反思，也千万不可跳过这个步骤，因为这是一个思维层面的训练，而非你可以在课堂上实践的具体操作。你可以在纸面上记录一些信息，它们或许能够帮助你反思自己的人生和你在校园之外的兴趣爱好，或者你也可以通过跟熟悉的人聊天进行自我反思。自我反思这个步骤是必需的重要环节，它能够让我们回顾自己力图实现创意突破的目标是提升学生的课堂参与度。

❑ 思考创新的全新定义，抓住一切机遇实践它

如果你不认为自己是一个创新型的人，你可能需要反思一下自己如

何定义“创新”，并借此拓展自己对于创新的理解。还记得我们在本书第三章所说的内容吗？当小丑牌试图让你相信自己天生没有创新的基因时，你无须听从这个意见。

伊丽莎白·吉尔伯特在她的著作《伟大的魔法：超越恐惧的创意人生》（*Big Magic: Creative Living Beyond Fear*）中谈到，“创新”这个词可能让许多人心生退意，并且建议用“好奇心”这个词来替换它。这是一个很好的办法，因为我们肯定不会有或极少有教育工作者会认为自己天生不具备任何好奇心。霍普经常标榜自己的创意标签就是实操型的学习，因为她天生就是一个闲不住的人。当她对某样东西感到好奇，她就会想要拿起这个东西，闻一下气味，然后检查一下。她这种闲不住的状态和探索的精神也说明了为何实操型的创新会成为她最得心应手的教学手段，并每次都能够让她的教学内容充满创意。

> 人们往往倾向于将创新定义为创造全新的事物，但实际上，创新通常是全新的实践。

我们在前文中简要地描述了利用午餐时间作为创新机会的做法，我们希望在此对这个创意展开讨论。你应该抓住一切机会来建立与学生的亲密人际关系，并表达自己对学生的生活和兴趣爱好的强烈关注，因为这二者都是你实现自我创新突破的关键因素。如果你尚处于初始的探索阶段，那么找到一件你可以着手改变做法的事情。这是至关重要的一步。太多的教师把自己中午的休息时间或午餐时间都花在跟其他同事闲聊、八卦，或者抱怨自己的一天过得有多么糟糕。让自己从这种毫无成效的枯燥日常中抽身出来，尽量每天都跟一群不同的学生吃饭。或自己快速搞定午饭，然后四处走走，在每一张饭桌前坐下几分钟跟不同群体的学生聊聊。如果你教的是年级最低的孩子，就走到外面的操场去跟他们一起荡秋千或跟他们一起攀爬游戏的猴架。当孩子发现自己的老师也走出户外，坐在自己身边的秋千上，或跟他们一起排队玩儿童足球游戏时，想象一下你给他们传递了什么样的信息以及能够对他们产生多大的影响。教师的这些非常规行为能够产生的影响是不可估量的，但很少有教师能够这么做。但这的确是给学生创造惊喜的最佳方式，并能够确保他们的注意力都放在你的身上。

与学生建立的亲密师生关系可以直接转化为优秀的成绩，因为当孩子感受到你对他们的关注时，他们会愿意为了你而更努力地学习。（想象一下你上次为了一个根本意识不到你存在的老板而奋力工作是多少年之前？）当你每天能够在中午休息或午餐时间，抽出几分钟询问学生一些与他们相关的问题并真正地聆听他们的表述；当你发现他们最喜欢的电视剧是《神盾特工局》，或他们正在比赛谁能够抓到最多的口袋妖怪（一款手游）时，把这些信息牢记到心里，然后你就可以发挥想象力，思考一下是否要带着超级英雄和神秘的口袋妖怪来上课了。事实上，你只要简单地在课堂上提及孩子们真正感兴趣的东西，他们就会坐直了身体并更努力地听课，因为他们会想："我的天啊，我的老师居然在说口袋妖怪！"你将能够收获孩子们100%的关注，因为在他们看来很酷的东西你竟然也出乎意料地掌握了信息，这让他们喜出望外。你就这么简单轻松地实现了创新。你让自己的好奇心驱使自己在某一个小细节上实现了创新，而这个细微的突破则收获了学生的高度参与，所有这一切积极的结果不过是因为你抓住了一个创新的机遇。

❑ 反思自己的变革设想

引导自己开展对未来变革设想进行的自我反思最简单的方法就是设想自己的行动。在教室的后面摆上摄像机，拍摄几节课程的实况。在回看录像的时候，你要向自己提问：如果我是学生，我是否愿意每天都来上这样的课程？如果你自己有孩子或孙子，那么问自己是否希望他们接受类似的教育经历。如果答案是否定的，你就应该做出改变了——只要采取改变的行动，何时开始都不会太晚。

然后，在静音情况下再回看一遍录像。在没有声音的情况下，你将不会专注于教学内容的传递，而是观察教学的方式。你在授课过程中笑了几次？你的肢体语言是否传递了你对教学的激情或热忱？你释放了什么样的能量？如果你是学生，你是否会接受这位教师传递的信息？

你准备做出什么样的改变？如果在一年或两年后你再次拍摄记录自己的课堂，你希望自己是什么状态？在你思考自己的变革设想时，花一些时间来反思那些可能会影响你创新道路的具体因素。这包括以下几个元素：

个人性格

你是那种下水之前会先用脚尖试一试水温还是那种会直接跳进水里的人？如果你就是这种勇猛性格的人，我们也不会劝阻你以雄心壮志开启自己的创新道路，但是了解到循序渐进的方法也是好的——因为首先从某一件事情的改变开始，先看看效果如何也是可行的。思考一下自己适合什么样的节奏，可以让你自己得到发展和延伸但又不会产生过大的压力。想一想，如果你犯了错误或遭遇了挫败时要如何恢复。你认为自己是一个具备竞争精神的人吗？如果是，那么你要意识到你是在跟自己竞争，而不是跟其他教师竞争。你评估自己的进步和发展的标杆是个人过往的历史和经历，然后力争实现自己最好的表现。反思一下哪些习惯容易妨碍自我发展（例如完美主义或拖延症），然后认识到你的目标是个人的发展而不是做到完美。如果你存在拖延的情况，那这是否反映了你内心深处十分担心自己会失败或看起来像个傻瓜？如果是这样，你如何解决这个问题？

教授的年级和科目

有些教师想要把这两个因素变成自我发展的阻碍。他们会说"数学不是一个创意型的学科"，或"我的高中学生们年级已经大得不适合在课堂上玩游戏啦"，或"我每天都给同一群小学生上课，所以想要让他们感到惊喜基本是不可能的"。事实上，这都是借口而已。（我们将在第七章和第八章中提供创新的具体案例示范。）反思一下你针对自己专属的年级水平采取了什么教学策略，并针对提升学生参与度规划了什么教学内容。我们是最早承认年幼的孩子最容易积极参与课堂且十几岁的学生更难搞定的老师。但是，我们依然希望你能够认识到即便你无法通过魔法让学生感到惊叹，你也同样可以运用一些出乎他们意料的事情给他们带来惊喜。

> 即便你无法通过魔法让学生感到惊叹，你也同样可以运用一些出乎他们意料的事情给他们带来惊喜。

班级文化

反思自己与学生建立的人际关系以及学生之间的人际关系情况。你的学生是否对身为教师的你和自己的同班同学负责？整个班级能否作为一个团队呈现更好的表现？或者你是否需要付出更多努力来建立和培养和睦的班级成员关系？在思考自己所带班级的文化时，你需要从相互尊重、行为举止、包容程度、对差异的接受度和学生之间互动的方式等方面进行考量。身为教师的你是否创造了机会让学生可以更了解彼此并相互促进和共同发展？你是否以身作则地示范了何为良性的互动？如果你能够创造一个积极的班级文化，那么你的创意实践将有可能开展得更加顺利。

班级纪律

反思自己的课堂管理策略，你是否能够较好地掌控学生？你是否需要先努力提升课堂的管理能力，然后给学生足够的自由和空间来实践学习项目和活动等？在课堂上引入创意教学指令的前提是，教师必须能够适当地掌控课堂并进行恰当的课堂管理。我们两个都是十分严格的教师，我们致力于在班级里营造一种有纪律且相互尊重的班级文化。如何将纪律性和每个班级独有的班级文化相结合？班级的纪律性要如何才能够匹配你与学生之间建立起来的师生关系？

班级规模

老实说：你是否把班级学生人数过多或规模过大当成你必须做某事或不能做某事的借口？班级人数过多可能是一个挑战，但这是你必须面对的现实问题。如果你将班级规模当成了不作为的借口，那么你是否可以改变一下思路，将其当成你必须想办法解决的一个障碍呢？观察一下其他教师如何应对班级规模过大的情况，并了解他们的成功（或失败）做法。我们都曾经教过学生人数多达40人的大班，而我们一贯的理念就是，班级规模本身不是一个问题。我们相信课堂教学的效果好坏完全取决于教学的质量和教学指令的效能。那么，你是否也能够接受我们这样的理念呢？

学生的构成和兴趣爱好

我们已经在前文中解释了为什么学生的社会经济地位不能够成为学生不学习的借口，无论你面对的学生是来自需要政府资助的底层家庭，还是有着直升机式父母的富豪阶层。现在，我们希望你能够反思一下，如何利用学生的构成和兴趣爱好等实际情况来帮助培养你的学生参与度提升方案，以及你将如何基于学生的具体情况和他们不同的兴趣爱好来建立良好的师生关系。你需要意识到，即便你的学生和他们的出身背景与你个人完全不同，你们也可以相互了解并基于这些差异建立良好的师生关系。

教师的心态

在本书的第一部分中，我们谈到了成长型思维模式和固化思维模式之间的差异。反思一下自己当前采用了何种思维模式。你是否相信自己具备能力来锻炼自己的创新能力并在创新领域培养出必需的技能和自信？你必须从一开始就清晰地了解，创建自己个人的创新教学模式是一个需要不断投入和实践的过程；你可能会实现突飞猛进的发展，但也需要明白前进的道路并非坦途一条。正如孔子所说的那样，“只要不停下脚步，走得多慢都没关系”，你需要意识到犯错和不断地战胜困难是前进道路上的常态。你可以通过应对挑战和尝试新做法向学生展示何为成长型思维模式，哪怕你有时候遭遇失败也无所谓。在你遭遇失败时，你可以回顾一下我们在本书第二章中所探讨的“不找借口”的思维模式。如何才能够成功地解决所有的障碍，并且确保自己不会因为遭遇它们而缩回到固化思维模式呢？

❑ 反思个人的创新目标

对我们而言，我们的创新路径贯穿始终的目标就是：确保我们教授教学内容的方式能够激发学生的课堂参与度，并点燃他们终生学习的热情。我们希望这也符合你为自己设定的教学目标。但你可以有更多其他的目标，所以我们需要你花点时间来反思一下自己的教学目标。你是否感到自己处于进退不得的困境？是否正在寻求更高层次的职业获得感？是否在收到一个不冷不热的评估之后想要突破当前的表现？（如果是这样的话，我们衷心地为你感到高兴！因为你已经评估了自己当前的情况并下定决心采取行动。）思考自己当前的工作和职业重点能够帮助你确定自己未来的发展路径、节奏和最终目标。

你的目标中是否包含了持续性发展？你需要从一开始就明白，即使你现在创造了一些有效的创新课程，这并不意味着它们会持续或永远有效。如果你不断地重复同样的事情，无论这件事情一开始多么有创意和令人兴奋，随着时间流逝，你也会慢慢丧失自己的热情。（我们将在本书第八章中向你展示，如何不断地增进探索程度，以及提升激励性课堂活动的水平和难度。）你是否有意愿在自己感到舒适的时候，再度提升自己对于自我发展的要求和想法？

在反思个人的目标时，请牢记一点：归根结底，结果才是最重要的！无论你决定采用什么方法，你都必须能够证明这些方法是有效的。教学督导认为，课堂游戏或教室大改造不过是花哨的噱头也是有理由的。当所有这些环境并没有匹配足够有效的内容，所有这些变革就成了华而不实的东西。在你思考如何让自己的课堂活动变得引人入胜和令人兴奋的同时，你必须考虑到，如何将自己的创新方法与极富挑战性的标准化考试内容和以教学内容为中心的评估体系相结合。你别无选择，只能这么做。因为归根结底，所有这些道具、服装和音乐都不过是强化学习效果的附加手段。课程的核心将永远是标准化教学内容和学生的学业发展。我们将在本书第七章中探讨严苛的规则。而你将会惊奇地发现它们到底有多简单。

在开展这个反思步骤的过程中，你也应该审视一下自己对标准化测试的态度。教师总是抱怨考试不合理，表示自己花了太多的时间让学生为考试做准备。如果你此刻将标准化考试视为自己教学道路上一个具有挑战性的大老虎，我们可以理解你的心情。但事实是，在各行各业，人们都需要通过某种方式来证明自己的效率和工作效果。在教师这个行业，我们教学的结果好坏就要通过标准化考试来体现。就目前来看，取消标准化考试不可能在短期内实现，所以我们希望你能够尽量地接受这个现实，而不是无休止地抱怨。请记住，教学内容（标准内容）就是身为教师的你需要兜售的东西，但教学方式（你个人的创新教学方法）将直接决定了学生是否要购买或接受你兜售的内容。你可以尝试将这些考试分数当成你的销售目标。（而我们将在本书第九章中做更多阐述！）

截至目前，我们已经在本章中探讨了太多信息，提出了太多要求，你现在可能会感到心情有点沉重。我们很高兴你终于跟我们一样开始考虑自我反思，而我们也希望你能够定期地回顾本章的内容，并花时间真正地思考我们在本章中提出的一些问题。但我们需要向前看并进入下一个主题的讨论（这也是我们最喜欢的一个主题）：学生参与度。因为从这个主题开始，你将真正体验到教学的乐趣。

第七章

将教学目标与学生参与度联系起来

当你为学生们提供了一段非同寻常的体验，他们就会用超乎想象的努力和积极态度回馈你。

——戴夫·伯格斯（Dave Burgess），

《像海盗一样教学》（*Teach Like a Pirate*）

成功教学的秘诀在于三分准备+七分表演。

——盖氏·戈德温（Gail Godwin），著名小说家

❑ 第四步：重新理解学生参与度

每当听到各个年龄阶层的学生说他们痛恨上学，我们都会十分心痛。事情怎么会变成这样？首先，一项针对中途退学的高中生开展的调查发现，47%的退学学生都表示上学太无聊了。他们中三分之二的人表示，他们的课程根本无法让他们产生学习的动力或热情。对于这些孩子来说，并不是学习内容本身，而是一成不变的教学方式让他们宁可不拿毕业证也不想再继续上学。这也正是我们为什么在一些其他的场合能

够看到百分之百的专注和参与而在教学场景中却很难实现，比如你根本不想错过的一票难求的音乐会，比如那些旋转跳跃着让你挪不开眼睛的芭蕾舞演员，或那只骑着单车玩香蕉抛接的猴子。有参与度的地方，往往场面宏大、惊险和引人入胜，但最重要的是，它让人印象深刻。

回忆自己人生中一段特殊的时光，可以是你第一次踏上欧洲的旅程、一次非同寻常的流星雨，或你孩子出生的时刻。你能够回想起多少细节？你能否重现当时的场景、声音、气味和自己的感觉？我们相信你可以想起所有这一切。每个人脑海中都有一些类似的回忆，深入骨髓，经久不衰。而这也正是教育应该在孩子身上实现的效果：我们需要创造一系列他们将终生难忘的学习体验，为他们创造人生中最精彩迷人的魔法瞬间。

大多数的教师选择了凭借厚厚的教案来教授那些艰深的概念和信息。他们欣慰地看到孩子认真地学习，所有人都低头伏案奋笔疾书，于是教师理所当然地认为这就意味着学生做到了全身心参与。如果你的目标是座无虚席的精彩表现，那么厚厚的教案永远都不会是正确的做法。因为这些教案永远都不可能让学生们迫不及待想要来上课。不相信我们的结论？那么回想一下你上次填写收入税单的体验。在你填完的时候你会感到悲伤吗？你会希望自己每天都能够填写这个税单吗？当然不会！你更可能想要赶紧填完税单，然后急切地等着拿到那一张跟教学相关的丰厚退税支票！（当然我们这里是嘲讽的语气）最起码你要理解，厚厚的教案不会创造令人印象深刻的学习体验或培养出终身学习者；相反，它们更可能导致学生丧失所有的学习兴趣并转而开小差做别的事情。我们明白这些做法的长期负面效果，因为我们在婚姻生活的日常中有着切身的体会。

霍普：我确实对整个世界以及我们国家的历史不甚了解，虽然这个问题经常会导致我处于尴尬的状态。在大学的历史课上，我总是因为无聊而分神。我从来没有遇到一个可以让这些历史变得鲜活的老师，所以我也不怎么在乎历史的学习——而最终的结果是，我什么都没学到。只要能逃课，我就绝对不会去上历史课。但是我会为了拿奖学金而玩命地背诵那些枯燥的历史事实，但是考完之后所有这些东西都会从我的脑子里清空——就那么一瞬间，我好像从来没有背过一样，那些所谓的知识消失得无影无踪！韦德有的时候会很无奈地摇头叹气，因为我对政治也一窍不通。他会要求我每天晚上坐下来跟他一起看新闻，因为这是他最注重的日常活动，而且他想要跟我分享自己的见解。而我目前在一所国际学校教学，学校把时政事件和文化意识的学习当成课程教学的一个重要部分，而这超出了我的能力范围。有时候，学生会过来问我一些让他们很感兴趣的时事事件，但我只能想办法回避这些对话——我甚至想出了“要去洗头没时间回答”这么烂的借口！而这些经历也成为我现在特别注重学生的课堂参与度的重要原因。

我们两个人都尽量避免在课堂上念教案，因为这些东西不会激发学生的兴趣。事实就这么简单粗暴，厚厚的教案不能激发课堂参与度。（但我们需要澄清一点，存在问题的并非教案上书写的内容，而是单调枯燥的教授方式。霍普改造牌桌游戏“饥饿的河马”并在课堂上利用这一游戏来开展教学，本质上来讲，这就是添加了催化剂的教案。但对教学模式的改变让所教授的内容变得引人入胜。）当你全部的精力都放在了教案、标准化学习内容和考试评估时，你的学生就想要逃离而不是参与你的课堂。当孩子感到无聊的时候，他们可能看起来在认真“学习”，但他们的脑子里不会留下任何东西。如果我们下一代所有的年轻人，作为一个全新的群体，变成像现在这样完全无法理解政治流程或不能从历史的错误中学到经验教训，我们身处的这个世界将会变成什么样子？这个问题在今天可能变得比以往任何时候都严峻和吓人了。让我们联合起来抵抗这种黑暗的倾向！让我们所有人（教师群体）将自己全身心地投入学生参与度中！为什么我们不能够在每一个课堂和教室里都创造神奇的课程呢？因为几乎所有的学生在每天踏进教室的时候，内心都带着对学习和课堂的期盼。

相信我们现在已经给你打够了鸡血，然后我们需要给出一个很实际的目标稍微降一下温：想要实现你的教学目标，你就必须制定严苛的教学规则来匹配学生的课堂参与度。

❑ 制定严格的教学原则

严格的教学规则主要包含两个简单易懂的部分，你可以在规划课堂活动时予以应用：

规则1：将学习目标设定为实际运用而不是死记硬背

严格要求并不意味着你完成教学内容的速度有多快，或是你的学生可以背诵多少与考试相关的内容。死记硬背意味着像动物一样盲目地反刍关键词汇，也就是说，你的学生能够按照教师的要求复述出背过的定义和事实，却无法将它们与现实生活联系起来。当学生过完一个暑假再次回到课堂，你会发现他们的学业水平至少下跌了两个层级，因为他们已经完全忘了曾经死记硬背过的内容。因此，教师最好不要过多地强调死记硬背或为了考试而填鸭式教学，而是更注重允许学生通过实践性且对思维水平要求较高的实操型活动来锻炼知识实际运用的技能。

这是我们的一个教学实践案例：霍普通过自制的迪士尼卡通人物"头顶猜猜"桌面游戏来教授英语语言艺术（ELA）的相关技能。如果你对这个游戏不是很熟悉，我们就简单地介绍一下。这是一个竞猜型游戏：一个玩家用一根发带将答案卡贴在自己的额头，这样他自己就看不到正确答案。其他的玩家则不断地给他提示，直到他猜出卡片上的谜底为止。在霍普设计的这个游戏中，她要求孩子去猜的是修辞手法的定义，比如"隐喻"和"暗喻"等。然后她意识到自己这么做不过是让孩子机械地调取大脑的记忆，即把那些死记硬背的定义再复述一遍。在改良了游戏规则后，孩子需要迅速地提供一个隐喻或暗喻的例子，才能够得分。换句话说，孩子必须灵活地运用自己所掌握的修辞知识。孩子不再机械地背出类似"这是一种修辞手法，用来对两种事物进行比较，通常会包含like或as等词汇"这样枯燥的定义，而是必须造出一个拥有比喻含义的句子，例如，他跑得跟狐狸一样快。（He's quick as a fox.）知识的运用模式完全改变了整个课程的规则和要求。

同时，我们也证明有趣和令人兴奋的课堂就等于学生参与度这种观念是错误的。没错，我们的确反复强调教师可以通过尝试与众不同的做法或成为创造惊喜的大师来提升学生的课堂参与度。当然，如果你在数学课上开一个有着DJ和迪斯科动感音乐的比萨派对，你的课堂确实与众不同且让人印象深刻，而且，你的学生肯定会无比兴奋。但是，假如学生没能从这样的课堂上学到任何有用的东西，这就不能认定为有效的课堂参与度。我们所强调的参与度因素，必须能够强化教学内容学习的效果，而不是起到反作用。而提升参与度的实践远不局限于创造一个有趣的学习环境。如果你计划打破常规并跳出自己的舒适区进行课堂创新，那么你肯定想要获得最佳的效果，而严格的教学规则就是获得成功的关键。

规则2：不要忽视任何一个学生；每个人的需求都是至关重要的

让我们通过一个案例来解释这个规则：我们曾经告诉一组学生，我们计划通过类似《危险边缘》的答题竞争游戏来复习下次考试的内容。学生都兴奋得跳了起来。然后我们对学生进行了分组并开始在大屏幕上放出第一个问题。没过几轮，我们就发现了这个做法存在问题。相信你也能够猜到问题出在什么地方：每个小组最聪明的学生负责回答每个问题，其他的小组成员甚至没有试图抢答——因为他们全部的心思都放在如何以小组为单位赢得游戏。他们沉浸在这个游戏中并不是为了学习，而是乐于见到小组里那些已经知道答案的聪明小孩帮整个小组拿到得分。所以，学生当天学到了什么？什么都没有学到！那些已经掌握了所有内容的优秀学生没有学到任何新的东西。而那些没能充分掌握相关知识的学生肯定也不可能通过游戏掌握这些内容，因为他们在整个游戏过程中成了“隐形人”。这个游戏不仅浪费了宝贵的教学时间，也是一次彻底失败的教学活动。但是，学生毫无疑问乐在其中。

我们两个人都会经常在课堂上带着学生玩游戏。但我们现在制定了第二条严格的教学规则来确保学生在玩得开心的同时也能够学到东西。我们可以进一步解释这个规则到底是什么意思。当我们说“不能让任何一个学生变成隐形人”，我们真正指的是：我们不应该让学生干坐着等候轮流表现或不应该让他们没机会凸显自己。

所以我们应该放弃那些让学生不得不在回答完一个问题后轮到第六轮才能够回答下一个问题的做法；应该放弃一个错误答案就让学生出局成为一个无关紧要的旁观者且不能继续参与的游戏。我们不能让孩子在整整四十分钟的课堂上只有四次回答问题的机会，或让他们在第一轮就出局变成一个旁观者。所以，我们现在设计的《危险边缘》答题竞赛游戏中，所有的学生都在自己的白纸板上作答，每个学生都对每个问题和自己写出的答案负责。然后我们会以小组为单位进行检查，如果每个小组成员的答案都是正确的，那么整个小组加上一分。

我们鼓励诸位在自己的课堂教学中运用游戏作为教学辅助手段，但一定要确保所有的学生从头到尾都能够参与其中。哪怕是那些已经没有胜算的学生，也应该从游戏中掌握教学内容并体现自我的价值。我们肯定不希望有学生一开局就被刷掉，然后在剩下的二十分钟或三十分钟里坐在那边围观。我们向你保证，一定有一些孩子想办法故意让自己出局，因为这样他们就不用继续参与剩下的学习过程了。

所有这些严格的教学规则能够让你更高效而不是更费劲地工作，因为你通过能够提升学生参与度的一些活动设计更高效地传授了艰深的教学内容。所有这些设计的目标就是为了在有限的时间内尽可能获得最佳的教学效果。换句话说，当学生对你即将教授的内容本来就很感兴趣并能够专注学习，那么你也无须额外花费心思设计其他教学辅助活动。你可以放心地通过常规的教学来完成这些内容；但需要确保你在教学的过程中面带微笑，呈现自己的热忱和激情。一定要牢记：当你付出额外的心血设计了特殊的活动来教授那些相对枯燥或相对难以掌握的内容时，获得成功的前提是：你只需要教授一遍就能够让学生们记住！只要你能够为自己的学生创造一次印象深刻的学习体验，他们就能够牢牢地记住那些几何公式或不同意群标点符号的用法等相对无趣的信息，前提是你的教学方式能够吸引住他们的注意力。

如果你坚持看到了这里，那么我们继续提供更多具体的信息！我们将学生参与度拆分成四个至关重要的部分，这样方便我们更轻松地理解和消化这个概念，它们是：

- **预期**（Expectations）
- **环境**（Environment）
- **活力**（Energy）
- **激励自主**（Empowerment）

请注意，“成本”（expense）这个词并不包含在前述以E开头的四个要素中。正如我们在本书第二章中所陈述的那样，个人预算的紧张或短缺并不能成为学生对学习不感兴趣的借口。你不需要花很多钱也可以提升学生的参与度。你可以利用便宜的道具或借来的东西创造出很多有意思的活动——相信我们，因为我们曾无数次论证过这个真理！我们在下文将会进一步阐述这四个以E开头的要素，并在此过程中向诸位展示如何在不花钱的前提下实现既定的创新教学目标。

❑ 设定高目标且不要满足于低达成

在开始实践创新教学手段和策略之前，你必须打下一个坚实的基础，即为自己的学生表现设定一个较高的目标。一旦你的目标设定得很低，你就面临着陷入无序课堂的风险。这会直接导致你一整天的教学工作陷入困境，而你也可能不需要小丑牌的嘲讽就会自己放弃再次尝试。所以你需要确保课堂管理的方法和效果得当，并能够与学生建立一定程度的相互信任，只有这样，当他们的兴奋程度提高时，整个课堂才不会失去控制。仅仅设定课堂规矩是不够的，身为教师的你还必须持续而严格地执行这些规矩。

对我们而言，最重要的课堂纪律之一就是尊重发言人。无论正在发言的人是谁，不管是老师还是班上的同学，教室里的每个人都必须关注发言人的讲话。我们不希望孩子在其他人发言的时候眼神四处乱晃，无论是盯着天花板还是窗外或墙上的钟，都不行。而且我们最不希望出现的就是，没有发言的学生窃窃私语或做出各种分散注意力的小动作。一旦我们感觉到学生的注意力开始分散或课堂上开始出现骚动的迹象，我们会通过简单的对话和互动再次拉回所有人的注意力。比如我们可以简单地大声说："下面轮到贾米发言！"而学生则会回应说："哦，欢迎贾米！"然后他们的注意力会再次回归到发言人身上。但这个做法有的时候看起来很有创意，有的时候看起来就特别愚蠢，比如韦德曾经有一次在课堂上大声地喊："鲨鱼饵！"然而学生的回应则是大声地喊："哦—啊—啊—啊。"然后学生把双手举起来在空中摇摆（这个互动的灵感显然来自动画片《尼莫》），虽然学生的注意力瞬间回归，但这个互动过程看起来挺幼稚的。请不要陷入"我先等到……再开始讲课"这种旧思维模式的陷阱，一直浪费宝贵的课堂时间来大声地倒数计时，因为学生有着自己的反应节奏。因为假如你慢吞吞地发出指令，学生心里反而会嘀咕："我的天啊，老师还要磨叽多久？"而你也会在学生不断试探教师底线的过程中等到天荒地老！

有一个简单的秘诀可以确保这种"教师呼吁—学生回应"的教学方法产生效果，而这个秘诀也几乎适用于我们开展的所有其他教学创新和方法。每一位教师都可以在任何类型的课堂上创造出教学魔法的奇迹，因为掌握创新学习体验的秘诀只取决于一件事情。它不是教学预算、无关班级规模，与任何其他教学条件也无关；它只取决于每一个教师都可以控制的单一因素。它也是我们手中能够拿到的最有价值的牌面，可以直接把一手烂牌变成必赢的牌面。你能猜到这个因素是什么吗？

它就是连贯性。

成功的秘诀就是连贯性。你在开始教学的第一天给班级设定的预期——而且我们希望你可以设定高标准的预期——也就是你在接下来整个学年的每一个教学工作日都必须坚持的预期。所以，每次当你喊出"鲨鱼饵"的时候，你必须坚持创造一个充满活力的学生回应，并立刻将学生注意力拉回到这个预期。一旦没有实现这个预期，你就需要再次尝试——如果需要的话，可能不断尝试——直到你获得了自己最初设定的预期回应为止。

当然，现实情况要远远比这个简单的概念复杂和艰难。如果连贯性很容易实现，那么我们所有人早已成为优秀的教师。在那些教学工作开展顺利的时候，保持连贯性和预期的一致性相对简单。当你刚刚上完一节精彩的课程，几乎可以看到学生的小脑袋里冒出灵感的小火花；当你感到幸福美满；当你可以享受慢炖锅烹饪的美食；当你有了意外之喜然后发现所有需要干洗的衣服都已经叠放整齐待穿（如果你跟我们一样没有收拾的习惯，那可能没有叠放整齐……但很庆幸，所有的衣服都是整洁待穿的），那么你很容易就会对课堂效果上心，并具备充分的耐心来反复实践。在这样的情况下，如果你的呼吁没有获得预期的热情回应，那么你可能会对自己说："不行，这样的结果不可接受。让我们再试一次。鲨鱼饵！"在这种时候，你可能为了确保学生的反应达到设定的预期而反复尝试数十遍也不会觉得不耐烦或想放弃。

但如果你正处于诸事不顺的情况，干什么都没办法成功的时候，你就很难去坚持初心。在那些定好的闹钟根本不响、诸事不顺、被督导紧盯、午餐晚饭都没人准备——全家人整整一周都没能在家做顿饭吃，而且所有的教学工作和问题接踵而来的倒霉日子里，当你在课堂上大声喊出"鲨鱼饵"却只得到了一个热情度不到四分（满分十分）的回应时，你可能就直接选择放弃了，因为放弃总是相对容易和轻松一点。你已经累得不想再喊第二遍，然后觉得在这样糟糕透顶的时候，能有个四分的热情回应已经算是非常不错的结果了，于是教学活动继续到下一步。那么，你这个行为到底意味着什么呢？意味着你设定了一个较高的预期目标，却把这个预期的标准从十分降低到了四分。那么祝贺你，你刚刚设定了一个分值为四分的预期目标，而这也成为你最新的高标准要求。自此，你不可能再回到最初的十分标准了。所以，如果你想要创造奇迹，你就永远也不能妥协并接受“足够好”这样的想法，因为你一旦妥协了，你的学生也会随之妥协。

> 如果你想要创造奇迹，你就永远也不能妥协并接受“足够好”这样的想法，因为你一旦妥协了，你的学生也会随之妥协。

无论你想要执行什么样的预期和课堂纪律，不管是尊重发言人，还是学生回答问题的方式，或是他们应对批评的方法，没有连贯性，所有这一切都无法产生良好的效果。无论是在那些你成功扮演了优秀教师角色的时期，还是在那些你深陷痛苦挣扎的日子，你都需要秉持清晰和持续的预期。哪怕是在极其糟糕的时期，你也需要尽可能地达到理想的教学状态和水平。你可能需要咬牙坚持，你可能会感到汗流浃背，你可能需要用尽全身力气来扮演和假装——你甚至都不确定自己是否能够实现这个预期的效果。请记住，哪怕你无论是理性还是感性方面都无法感受到那一份热情，这并不意味着你不能够通过专业的扮演假装来向学生展示。

如果你不能熬过这些艰难时期并持续性地执行你定下的规则，那么你很难在课堂上创造奇迹。因为没有连贯性和持续性，你就会成为两种不同类型的教师。对于你的学生来说，你就像是杰克博士（Dr. Jekyll）和海德先生（Mr. Hyde）（《化身博士》电影中同一个角色，但是具备双重身份）——学生不知道今天从教室门口走进来的会是哪一个版本的老师。所以，当你再次对学生感到不耐烦，或因为没有办法让学生达到某种水平而感到沮丧的时候，问问自己原因是否在于身为教师的自己给了学生两个不同版本的期望值。如果你不得不承认缺乏连贯性和一致性就是问题的根源，那么你就需要设计一个方案来确保自己保持目标的一致性——确保哪怕在艰难或糟糕的时期也能够始终如一。

当你试图实行任何新做法时，你都需要一段时间来坚持和巩固。请记住，每个人（无论是教师还是学生）都至少需要连续坚持二十一天才能够养成一个全新的习惯。这就是为何你需要毅力来坚持过完这段艰难时期。如果学生在第一个星期没能做好，不要让他们看出来你打算放弃并转移到下一个任务！而当你脑海中的小丑牌再次嘲讽你说“你永远都不会成功”的时候，也不要听从它的指挥。挥洒你的汗水……投入你的心血……哪怕痛哭流涕……都要坚持不懈地守住你所设定的预期，直到你十分确定可以实现。打基础的工作从来都不简单，但它一定值得你所付出的一切。连贯性就是能够创造课堂魔法的成功秘诀的第一个必备要素。

❑ 创造一个可以推进目标实现的环境

你的课堂环境在很大程度上直接决定了学生能否真正参与课堂教学。而我们所说的环境不仅是学生身处的实体空间或教室的装饰。身为教师的你可以通过课堂管理策略、师生关系和课堂文化来营造一个特殊的学习环境。当你所创造的环境与学生息息相关、反映了学生和教师的兴趣、激励学习的动机，并能够同时在视觉和感觉层面引人入胜的时候，你就能够看到学生的积极参与。

我们相信环境具备巨大的影响力，而这不仅仅会影响到学生，也会影响到身为教师的你。我们希望看到更多的教师能够将自己的职业热情和兴趣融入教室的装饰之中，而不是千篇一律地贴上雷同的海报或表格。如果你的工作和生活节奏与我们相似，那么你每天待在教室里的时间可能比家里还长。当你每天踏进教室时，你应该感到充满了活力与兴奋之情，并且做好了准备以自己喜欢的方式开展教学。否则的话，讲课不过是一份无趣的工作罢了。所以，学生应该热爱我们在课堂上创造的氛围，而身为教师的你，可能更需要热爱这个气氛并能够真正享受站在讲台上的感觉和时光。

很多老师都能够回忆起自己第一次踏进教室时的激动心情——因为这个教室充满了无数未知的可能性！他们倾尽心血和时间来装饰这个教室，尽可能让它看起来吸引人，希望它可以满足所有这些第一天来上学的孩子心中的期望。但有的时候，很多教师对教室氛围的装饰和努力仅止于此。当我们开始在南卡罗来纳州执教时，我们看到很多教室里张贴的海报早已褪色，看起来像是挂在那里好几十年了。一个类似这样的学习环境是僵化的，死水一潭的教室氛围也很难激发学生的学习参与度。所以请有空的时候看一眼教室后面墙上挂着的那些装饰物。如果画面的颜色已经发生了变化，或许你应该考虑用新的来替换。因为教室的装饰应该随着你和学生的成长和发展而不断变化。

霍普：我在装饰自己在彭德尔顿学校的第一间教室时，用了老歌的音乐主题。我在那里装饰了猫王的全身像海报，还用了我老爸的很多45寸海报作了不同的装饰。我喜欢这种怀旧的感觉，这能够让我产生一种个人层面的联系，哪怕我的一年级学生们根本无法理解。为了让孩子对教室产生兴趣，我设置了一面“名人墙”，上面贴满了我从杂志上剪下来的孩子喜欢的流行歌星的照片。墙的中央有一个相框，我每周都会放上不同学生的照片——而那一周我们将以这个学生为主题，更多地去了解她/他的信息和兴趣爱好。每个人都包含在内，每个人都会轮到把自己的照片挂上去的时候。我并没有把这个作为一种学习成绩或优秀行为的表彰，因为我们都知道没有几个小孩能够真正优秀到成为墙上的模范。按照我原来的做法，我关注的重点是建立师生关系并旨在把整个班级打造为一个大家庭。

过了一段时间，我意识到有很多学生都是挂钥匙儿童（指因为父母出去工作，放学后只能独自在家、无人照看的孩子），而且他们还要照顾比他们更小的兄弟姐妹！然后，我就领养了一对天竺鼠。在教室里养小动物也是一种实验性学习的方式，但我们教室里的宠物存在的意义远不止于此。这些动物的存在也能够让这些挂钥匙儿童学到一些人生的经验和常识，比如如何照顾他人和培养责任感。

而现在，我的教室里的装饰主要围绕我对于阅读的热爱展开。它以书本为主题，包含了童话故事的元素，还有《爱丽丝漫游仙境》等主题。整个装饰十分节省，这就意味着我需要从二手店买东西，并说服我的祖父母捐赠了一整套的老百科全书。然后我充分利用自己的手工特长，动手做了大量的漫游仙境元素的装饰物。韦德说我看起来像是把整个霍比罗比工艺品公司（Hobby Lobby，美国最大工艺品进口零售商之一）的产品都扔到了教室的墙上——而我不得不承认他说对了！本质上，我希望自己的教室能够让学生体验到鲜活的阅读气氛。我希望能够向他们展示，打开一本书就像是走进了一个全新的世界。书本能够带着我们去体验那些我们无法在现实生活中体会到的历险或经历——例如跟着爱丽丝一起掉进那个兔子洞并来到一个奇幻世界。

韦德：当我需要装饰我在汤维尔小学（Townville）的第一间教室时，我不知道该怎么做。我是一个典型的大老爷们儿，根本不知道从何着手。于是霍普和她的妈妈提出要帮忙。学校提供了一个大的主题，叫作“海底世界”，所以两位女士买了一堆渔网、宝藏盒子还有很多的鲨鱼毛绒玩具——但是，在我看来，这个鲨鱼跟海豚也没什么两样。我当时什么都没有说，因为我不想伤害她们俩的感情，但是我在那个教室上课的时候总是感觉不自在。那个时候，我还是整个地区的摔跤队头号教练员，而我的学员每次走进教室都会问我：“金先生，你是摔跤队的教练啊，为什么你的教室里到处都是毛绒玩具啊？”后来，我们跳槽到彭德尔顿学校之后，我学到了一个经验：当你强迫自己去适应一个不适合自己的模子时，你永远都不会感到开心。而这次，我决定自己动手来装饰自己的教室。我喜欢超级英雄，于是我设定了一个动漫主题并在墙上挂了装着超级英雄服装的盒子。而这彻底改变了我对自己身处环境的感觉。

现在，我的教室里主要的装饰主题是《摇滚学院》。因此，教室里有一个很低的舞台，还有巨大的麦克风。我喜欢抱着吉他在教室里一边走动一边跟孩子一起唱歌。教

室的中央放着一套架子鼓，每年都会有指定的学生坐在那边，而不是坐在普通的课桌前面。他们在架子鼓前面记笔记并参与课堂学习。而那个学生也负责打鼓。他知道自己什么时候应该敲鼓，比如给一阵欢呼或朗诵做伴奏，或在我需要提振士气时要求他敲出一轮鼓点。我们有的时候也会放松一下头脑，在这个时候，我会弹几分钟吉他，而学生则可以站起来跳跳舞，放松一会儿，然后我们继续上课。而“课堂鼓手”这个角色业已成为我所营造的学习环境的一个重要组成部分。

你能够设想一下自己对教室的全面大改造是什么样子吗？或许这也会成为你实现教学创新突破的一部分。如果你正好有此计划，那么可以从小处着手（当然，如果你想一开始就彻底改造也没有问题），但你一定要融合一些个人的特质和因素。按照自己喜欢的方式来装饰自己的教室并不是自私的做法，因为这个装饰能够让你建立与学生的亲密关系，因为这是你跟学生分享自己个人兴趣爱好的一种途径。而当你身处的环境能够点燃你的激情并让你身心都感到振奋，那么这种火花又怎么不会传递到你的学生身上呢？毕竟，激情会像燎原野火一样蔓延开来。

而另外一个通过改变教室环境来激发学生参与度的做法被我们称为教室大改造。在这个做法中，你需要加入道具、背景、音效和任何其他必要的元素来确保改造后的环境能够神奇地让学生感觉自己到了一个完全不同的世界——例如海边的沙滩、间谍实验室，或一个野生动物王国。你需要完美的课堂管理能力才能够确保这个实践策略获得预期的效果。但是当你的学生走进教室时，感觉自己仿佛进入了《侏罗纪公园》或《超级马里奥兄弟》的游戏现场，那么你一定能够获得他们百分之一百的专注度和参与度。彻底地改造一间教室需要你花时间来规划和设计，所以我们一般只针对最艰深或最无趣的主题进行设计，因为往往这些主题也最需要学生的参与和专注。霍普在创新的教室大改造方面十分有名，她会把相关的经验写到博客上，也会在社交媒体上分享图片和操作方法。尽管教室大改造本身是一件有趣的事情，我们俩开始进行教室大改造则是出于不同的原因。

霍普：我在彭德尔顿学校执教时，我发现自己的学生缺乏理解某些概念所必需的背景知识——主要是因为他们从来没有走出过家乡，更不要说走出南卡罗来纳州了。有一天我给了他们一个即兴写作题：如果你可以去世界上任何地方，你想要去哪里？为什么？结果，让我大开眼界的是，超过80%的学生写了他们想去达乐公司（美国知名日用品零售商）或沃尔玛（两个公司名称后面都给我加了复数形式的s，欢迎来到美国南部地区）！他们对外面的世界没有任何概念。而这个事实让我感到心碎。而这也充分证明了了解自己的学生有多么重要。如果你不知道他们的人生处于什么样的状态，你怎么能够知道他们的需求呢？在这种情况下，我觉得虽然自己没办法带他们出去看外面的世界，但我可以想办法把外面的世界带进我的课堂！

很快这个机会就来了。我们教材有一个单元需要我们学习岩石和矿物质，而我发现很多学生从来没有去过海滩——哪怕我们学校实际上距离美特尔海滩（Myrtle Beach）才不到三百里。在茫然地盯着教材上的图片发了好几天的呆之后，我意识到这些图片永远都达不到真实体验带来的效果。如果学生没办法将这些知识与实际生活联系起来，我不可能让他们真正理解这些知识然后记住。于是我决定仿造一位同事金·毕尔顿在网上发布的教室大改造方案（没错，我们也会借鉴甚至“照搬”其他人的创意）。我把教室改造成一个海滨的沙滩，在这里，孩子可以体验到海沙从指尖划过的感觉，可以听到海浪拍打海岸的声音和海鸥从头顶飞过时发出的鸣叫（当然所有的音效都来自一张睡前放松的自然声CD）。我试图为学生打造一个全方位的感官体验，所以，我要求学生抹上防晒霜来体验嗅觉。尽管我的学生没有办法真正地体验冲浪，我也希望能够为他们提供一次海洋的体验，让他们能够将全新的学习内容与真实的体验联系起来。

韦德：虽然我娶了一位教室大改造的大师，但我自己从来没有真正计划过要自己搞一次教室大改造。我不像霍普那样具备装饰房间的手工技能。我可以设想一些很有趣也很酷的东西，但是我不知道如何才能够实现这些设想。然后，我就遭遇了职业“瓶颈”，开始厌烦日复一日的重复和单调。我对课堂的激情已经消失不见。在霍普改造自己教室的时候，我帮忙设置过几次道具和背景，于是我问她我们是否可以联手改造一间教室，并将我们二者在不同领域擅长的内容都包含在内。我希望能够拓展自己的领域，看看自己还能够尝试哪些可以激发学生参与度的因素，如果有可能的话，希望自己可以跳出舒适区实现创新。但与此同时，我希望能够跟霍普这样知道如何去做的人合作。我们最后决定联手打造一次混合内容的课程，以侏罗纪公园为主题——这个主题创意棒极了！霍普负责搞定墙面装饰，改造桌椅把课桌变成可以容纳四个学生的“吉普车”，还搭建了一些很酷的道具，比如恐龙的巢穴等。我们还同时播放了电影的原声带，里面有各种恐龙的吼叫声。孩子们兴奋得根本不想课间休息——但我们想要教授的内容其实并不简单。规定的标准该如何达到呢？我们早就把它丢到了侏罗纪公园之外。我们大概采用了数十种不同的标准。每个人都过得很愉快，尤其是我！我曾经无数次帮着霍普完成了那些单调而又枯燥的体力劳动（身为一个爷们儿，你得让自己的媳妇开心），而最后我终于也体会到了在一个经过彻底改造后的环境里教学是一种什么样的感觉。我不想撒谎，我真的超级喜欢这种感觉！而我必须穿着克里斯·普拉特（侏罗纪公园中的大英雄）的服装进行角色扮演则是意外之喜！

当霍普完成一个精致的教室大改造之后，她会维持这个装饰一周或三周的时间，然后将这些装饰与大型的主题单元内容结合，或进行交叉学科或跨学科内容的教学。我们的《侏罗纪公园》主题教室大改造则涉及了动物分类、生物进化、生命周期、食物网络以及食物链等科学知识和内容。为了“逃出”侏罗纪公园，六年级的学生必须完成一系列的数学和英语语言文学相关的测试。我们两个人穿着野外探险床被，然后给学生发放头灯（霍普用热胶把从一元店买来的便宜触摸灯粘贴到头带上做成这些头灯），帮助他们尽快进入研究员的角色。孩子们全身心地投入了角色扮演和学习，甚至在艰难的数学内容方面也没有分心。我们在长达四个小时的授课/探险过程中定期穿插数学内容，我们会吹响汽笛然后告诉学生：“现在侏罗纪公园遭遇了新的危机。为了避免灾难的发生，你们必须解决板子上写的数学题！”孩子们会立刻停下手头正在开展的科学分类任务并全身心投入数学问题的解答中。因为所有人都不想被暴龙给吃掉！

这个案例让我们再度回归了我们一直重点强调的一个因素：学习的纪律性。所有的装饰都是为了达到学习的效果和目的，而不是为了削弱它。教室的装饰当然很有趣，但这些装饰不会自己教会学生那些必须掌握的知识。所以如果你指望自己设计的精美背景能够帮助你完成内容的教学，那么不要抱有太高的期望。但如果你能够将必须教授的内容与自己装饰的主题结合起来，孩子们会因身处不同的空间而感到非常兴奋，并且会从踏进教室的那一刻起就充满活力。他们会全身心地参与，因为今天不再重复单调的学习日常——他们跳出了自己日常的角色，并摇身一变成了一个研究员或外科医生或间谍。他们如此投入地享受自己在海边的体验或登月的兴奋或丛林的探险，居然忘了自己需要学习的内容和知识有多么的艰深。

霍普：教师们常常跟我们表示，他们没办法进行教室大改造这样的操作，因为他们的学生存在行为问题或学习障碍等。你不应该将所有这些现实情况视为借口，而应该把它们当成应该跨越的路障，然后找到办法克服这些困难。一旦你可以通过坚持不懈地维持设定的目标和预期来建立有效的课堂管理，哪怕是最难搞的学生也会慢慢加入课堂活动中来，提升他们的学习参与度。我给一年级的学生上了一门叫作“词汇缩略手术”的课程，并设计了教室大改造来协助内容的传授。我把整个教室改造成一间手术室，然后播放了忙碌的医院录音作为背景音。我站在教室门口迎接学生，穿着手术外套、戴着手术手套，然后用急促的语气跟他们讲话，就好像他们是马上要跟我一起进行手术的同

事。(我甚至还给他们发放了手术口罩和手术帽!)课程内容要求他们用剪刀把单词剪开，然后再粘贴到一起形成缩略语。我在自己执教的第一年开展这个活动时，我的课堂纪律并不是很到位，所以对整个课堂环境的管理出了一些问题。(实际情况是，一个学生剪掉了自己的一小撮头发。原谅我们，我们也没办法一直做得很完美。但幸运的是，家长们并没有因此而生气。)我很快意识到我需要坚定不移地设定教学预期。一旦我能够落实这些预期，我就能够从词汇缩略手术的操作中看到令人惊叹的学习效果。下面我通过一个故事来论证。

莱恩是班上最难搞的学生之一。他患有严重的多动症，没办法长久地把注意力集中在任何事情上。他也清楚地知道自己“很难搞”，并经常因此而哭泣。但这不是他的错。告诉他集中注意力就好像告诉一个患有哮喘病的人“轻松地呼吸”。在我实施词汇缩略手术的课堂活动时，莱恩却是行动最精准和最专注的一个学生。我一直扮演着自己的角色，用医生而不是教师的口吻说话，而莱恩也完全沉浸在了自己的角色之中。我不会说，“啊，你在这里犯错了”；而会说：“莱恩医生，你可否回过头再检查一下14号病人的情况？他好像恢复得不是很好，我需要二次诊断的结果。”在那次课上，莱恩并不是那个存在学习困难的学生，也不是那个因为无法控制自己的行为而遭受斥责的学生。他是一个富有天分并且正在开展重要工作的外科医生。而这对他来说是翻天覆地的变化。

那些存在学习障碍的学生反而是最需要提升学习参与度的群体，而且能够从中收获最大的好处。上学不仅在学业方面给他们带来了巨大压力，在精神和感情层面也同样。你必须让他们心甘情愿想要来上学。通过了解这些学生的需求，着手激励他们的学习参与度，你就能够创造机会让每一个学生都能体验到成功的喜悦。

韦德：我遇到过最难教的学生是一个男生，他叫塞巴斯蒂安，我教他六年级科学和社会学课程。塞巴斯蒂安是一个不服从管教的学生，他喜欢跟老师顶嘴，我们经常在课堂上发生冲突。我知道自己需要了解他并与他建立良好的师生关系，但当时的我已经准备放弃了。最后，我不得不问自己，我到底要怎样才能够与这个孩子建立良好的师生关系？音乐是我用来激励课堂参与度最有效的手段之一，我也知道这个孩子非常擅长打鼓，因为我曾经见过他打金贝鼓（这是一种非洲传统手鼓——我们通常用来提振课堂气氛）。

也就是在这样的情况下，我决定在教室里放上一整套架子鼓乐器。利用教师的身份，我拿到了很好的折扣。在这些鼓安装到位之后，我跟塞巴斯蒂安谈了一下交换条件：我说："好了，我打算教你怎么用鼓锤以及如何跟上节拍器的节奏。我们就从本周六开始吧。如果你适应得好并且能够证明自己的能力，你就可以成为我的鼓手然后在教室里打鼓。”

于是我教会了塞巴斯蒂安如何打鼓。我给他设定的预期就是，在课堂上，他需要把注意力放在我身上，这样他才能够知道什么时候需要他打鼓。自此之后，情况开始好转。无论是我们之间的师生关系，还是他在课堂上的行为表现，甚至是整个班级的气氛都得到了提振。当然，我也不能说这一切好结果得来全不费工夫。因为在塞巴斯蒂安搞砸的时候，我也必须耐心地坚持自己对他设定的目标和预期。有的时候他还是会有出格的举动或是顶嘴的行为，但我们至少看到了明显的进步。

我有很多歌曲可以帮助孩子记住我在时政和古代文明课上传授的教学内容。塞巴斯蒂安跟我在音乐方面联手，在其他学生唱歌的时候，我会弹吉他，而塞巴斯蒂安则负责击打节奏。当两个人合奏音乐时，他们之间一定会建立亲密的联系。他们必须保持节奏一致并且专注于对方的表现。音乐改变了我们之间剑拔弩张的状况，并且给了塞巴斯蒂安一个想要出现在教室里的理由。我给了他一个全新的角色，这个角色不同于他之前那个捣蛋鬼的身份。这让他充满了能量。他的行为有所改善，他的成绩也随之提高了。甚至在他毕业之后，我们依然保持着联系。我可以很骄傲地说，塞巴斯蒂安在高中阶段已经成为一枚学霸。直到今天，我们依然保持着相对紧密的联系。而那一套架子鼓和课堂鼓手的角色也一直延续至今，成为课堂教学的一部分。在塞巴斯蒂安毕业之后，一个名叫杰登的学生接替了鼓手的角色。

这些不过是我们多年教学尝试的诸多案例的一些缩影。我们也建议各位尝试不同的做法来改变自己的教室和课堂环境。你可以通过特定的方式来调整事物的布局，以此获得学生的关注，并让他们好奇你到底在计划什么。

❑ 保持热情高涨的状态

在你的教室里，身为教师的你就是引领氛围的风向标。你决定了整个课堂的士气。在踏进教室的那一刻起，你的学生将受到你的感染，所以，你最好保持精神饱满的状态。如果你缺乏目标或在一天开始之际就士气低沉，那么你的学生也会这样。当你以蜗牛的速度进展，或因为成千上万种杂事儿而分心，那么你传递出来的就是非常低落的情绪状态。你希望看到自己的学生拖拖拉拉地走向自己的座位，然后磨磨蹭蹭地不肯将自己的书包和文具拿出来吗？你肯定不想看到这样懒散的画面。你希望自己的学生能够充满热情，行动迅速。这就意味着你首先要以身作则地做到这一点。

学习参与度的提升要求师生都具备足够的热情与能量，因为，只有热情和能量才能够驱动辛勤的投入。你要确保自己的情绪和跟学生打招呼的方式都传递出这样一种信息，即你今天将要为学生提供的是一次充满活力的学习体验。你需要保持热情高涨的状态，而且一定要充满正能量——至少不能够是明显的负能量，例如“快点儿，抓紧的，你们还有十秒钟时间；不要让我干站着等你们”等类似斥责的表述。这可能听起来也充满了能量，但更像是斥责或者抱怨，这都属于负能量。我们坚定地相信，你开启一天工作的方式也将决定你接下来一整天的状态。如果你大清早就负能量满满，那么你的学生会直接把这种负能量反馈到你身上，然后你们就会互相拖后腿，这是一个恶性循环。

我们两个人都喜欢用一首班级歌曲来开启一天的教学工作或一堂课的教学。当我们教授低年级学生时，我们会自己写歌词，但到了初中阶段，我们一般会让学生自己来完成写歌的工作。

班级歌曲并不一定要跟教学内容相关，它的主要功能在于激励，因为歌词都是关于学习和成功以及如何轰动全校等。我们会选择孩子特别喜欢并且熟知的旋律，例如贾斯丁·比伯或单向道乐队或当下正在流行的其他歌手的旋律，然后重新填词。在学生踏进教室时，韦德会弹奏吉他。而霍普则喜欢用类似“早上好，孩子们！很高兴见到你们。好了，把书包里的东西拿出来吧。十、九、八、七、六、五、四、三、二、一。好了，五年级的朋友们，我们开始上课吧”这类版本的歌词。孩子们会跟着哼起这首歌，边唱边笑，他们的兴奋和热情几乎要把屋顶掀翻。在歌曲结束后，我们会例行拍手环节，然后一瞬间，孩子都在座位上坐好并且准备好上课了。在课程开始的时候，所有人脸上都洋溢着笑容，而且都能够全神贯注。这就是我们所谓的热情高涨的状态。如果你在接下来的一整天里脑子里都回荡着贾斯丁·比伯的歌曲旋律，或者用自己家乡的小调哼着所有流行歌曲的话，尽量接受这个小小的牺牲吧！

我们两人都喜欢用音乐来提升课堂的氛围，但这不过是所有尝试或

图为韦德跟自己五年级社会学班的学生们在一起唱歌。

实践方法的一种，你可以设计自己独有的开课或开启一天的方式。具体所采用的方式应该适合你个人，所以尽可能地设计一些你个人感觉可以执行并乐在其中的方法。如果你不擅长唱歌，那你可以尝试一下STEM（科学、技术、工程、数学）内容相关的测试——尤其是当你目前把厚厚的工作教案当成开课的手段并且将签到和晨间检测作为重点时。一项

STEM活动就意味着学生在一开始就立刻要投入基于寻求答案的实操型活动中去。他们会很想来到教室并通过试错的方式来解决某些问题。你只要记住，身为教师的你也需要在学生完成活动后立即开始教学。如果你没有立即开始，而是翻阅自己的资料或是检查自己是否有遗漏的地方，你就会迅速失去这种紧迫感以及学生的注意力。

运动是保持课堂活力最有效的办法。“脑力放松”是一个短时间的活动，可以让孩子站起来几分钟，把身体里那些蠢蠢欲动的想法释放出来。研究已经表明，脑力放松可以提升学生的专注程度。无论你采取什么样的脑力放松活动，一定要确保孩子都从座位上站起来活动身体。韦德会弹奏吉他，而孩子则会在脑力放松时段跟着音乐跳舞。霍普则有时候会设计二十秒的“雪球大作战”活动——她没有要求学生们把自己写好的作业传给对方，而是要求学生把自己的作业本卷起来然后扔给对方。时间结束时，每个学生都要抓到一个“雪球”然后把它收拾平整，然后教学继续。你也同样可以在运动中教授课程内容。我们的一个同事，金·毕尔顿，为每一个标点符号都设计了一个手势动作。我们往往通过设计竞赛性游戏（当然游戏中也融入了严密设计的标准化教学内容）让学生可以从座位上站起来活动身体。

我们在前文中提到过，我们会把大量的教学内容融入歌曲中。这样一来，音乐不仅能够为课堂带来充足的活力，还能够成为帮助学生记忆那些很难记住的课程内容的一个辅助工具——例如，罗马帝国的国王名录、精读过程和内容、科学操作的步骤，或是当前时政的分类，等等。想象一下，你是愿意站起来唱歌呢，还是愿意坐在座位上死记硬背一系列枯燥无趣的词汇和术语？孩子很容易就能够记住所有的歌词，所以这个提升学习参与度的方法能够让你的教学工作变得更有趣而不是更艰难。(霍普一年级的学生几乎能记住电台播放的所有嘻哈音乐的全部歌词，而她听到的时候几乎不敢相信孩子能够一字不差地唱完所有的歌词——所以她下定决心要重写当前流行歌曲的歌词！)你可以从网上下载流行歌曲的伴唱版本，这样就可以只保留背景旋律而没有歌词。如果改编流行歌曲的歌词对你来说太难，你可以尝试把这个任务交给学生，并把这个过程变成一个充满活力的课堂活动，例如，你可以让学生投票选出最好的歌词或将最好的版本融合形成一整首歌。选择你学生喜欢的音乐，无论是流行乐、摇滚乐、乡村音乐还是嘻哈音乐，都可以。将这些音乐和动作结合起来——设计舞步、拍手或者手势——所有这些动作可以将课堂的气氛推向一个高潮。

这就是营造课堂热烈氛围的秘诀。而这个奇迹将从教师身上发起，所以大胆去尝试吧！设计一个宏大而大胆的活动，但一定要符合个人的实际情况。你所设计的氛围激励活动不一定要跟我们的一样。毕竟，我们存在着很多差异，而我们的教学工作也应该能够体现这些人与人之间的差别。但共同的本质在于，无论你计划如何提升自己课堂的气氛，你才是那个真正可以实现这个设想的关键人物。身为教师的你，所秉持的信念和表达的情绪是能够传染的——所以你自己要先做好开创史诗般功绩的心理准备！

❑ 创造一种鼓励自主精神的课堂文化

你可以通过两种方式来激励学生的自主性：

- 通过与学生建立紧密的师生关系（然后打造互相帮助的班级

关系）

- **通过教学策略给予学生掌控学习的权利**

师生关系的建立对教学创新的突破至关重要。相信我们，如果你不能打下一个相互信任和尊重的坚实师生关系基础，想要开展模拟试验或基于教学内容的竞赛性活动会十分困难。师生关系建设的目标就在于，你要确保学生真心想要跟你合作，并且展现最好的自己。在这里，我们指的不是学生对身为老师的你表现出来的尊敬行为，而是师生之间真实的互动和合作关系，这种关系能够体现出师生之间对彼此的照顾、关怀和关注。

霍普：从小学调到中学对我来说不是件容易适应的事情。我试图提升学生参与度的实践一开始效果都不怎么样，然后我就遭遇了学生的行为问题。这种感觉很糟糕，我觉得我完全失去了对课堂的控制，觉得自己是个彻底的失败者。在经历了最糟糕的一天之后，我去跟罗恩·克拉克先生讨论了我遇到的问题，然后没控制住自己哭出声来。我整个人都崩溃了——可以用泪流满面、涕泪横流、号啕大哭这些词语来形容。（我有的时候看起来确实会很作！）我又哭又闹地跟罗恩先生说，如果需要的话，我准备像库伊拉·德·维尔（迪士尼1961年经典动画片《101忠狗》的反派角色）那样控制我的学生了。我一边抽泣一边说，如果和善的我无法赢得学生的尊重，那么我就要通过铁血手段让他们听话了，而且我也不在乎他们是否还喜欢我。

罗恩先生自己是一个相当严格的教师，在某种程度上，我希望他能够认可我的想法。相反，他递给我一张纸巾，静静地等待了几分钟让我彻底发泄自己，然后提醒我，事实上，身为教师的所有人都希望自己的学生能够喜欢自己。“上一次你愿意为了一个你不喜欢的人费尽心思去做一件不同寻常的事情，是什么时候？”罗恩先生问我。这个问题瞬间让我回归了理性。在那个时候，我意识到我必须做出决定，要么继续生活在这种自暴自弃的崩溃状态中，要么就直面问题并解决它。在这里，容我剧透一下，我最终还是想办法解决了这些问题。

图为霍普与自己的朋友兼精神导师罗恩·克拉克先生合影。

身为教师的我们，找到办法与学生建立亲密关系至关重要。我们与学生之间建立的关系，不应该是以权威的教师身份，而是要作为能够给予他们激励和鼓励的朋友。而这也直接关乎你的课堂文化。在一个真正体现了相互帮助的课堂文化的班级中，学生能够为对方的成功付出并做出贡献，而这也会增强班级里所有学生的自信。另外，这也会间接地提升课堂参与度，因为自信能够让学生有意愿主动回答问题并积极参与讨论。当学生能够积极地赞美和庆祝对方的成功，课堂氛围就能得到提升，并同时催生一种以激励自主为核心的课堂文化。

我们两个人都很喜欢通过课上鼓掌的方式来表扬和庆祝学生的成就。例如，当一位学生提供了优秀的答案，霍普会给出暗示，“这个答案妙极了！”然后，全班学生都会站起来齐声发出这样的赞扬，“冰是冷的，火是热的。她就是火，她就是棒”，以表示对该学生的鼓励和肯定。当你表现突出，所有人都会为你欢呼鼓掌，谁不想要在这样的课堂上课呢？这是一个很容易实践的激励自主策略。你可以把赞美词写下来（或从网上找一个），然后给全班设定相应的目标。（要记住，所有人都需要至少坚持21天才能够养成一个全新的习惯）这个简单的步骤能够为积极的课堂文化打下一个良好的基础，因为学生能够分享彼此的尊重，并共同实现更大的进步。为了实现集体进步的奇迹，你就需要打造一个具有凝聚力的整体。这就要求每个学生都要参与进来。

能够促使学生发掘自我潜力和有效参与学习的课程和活动同时也有助于培养学生的自主性和参与度。我们特别喜欢营造以求知为核心的学习环境。只要有可能，我们都会尽量设计那些可以让学生开展研究、实验、测试或使用科学方法来解决问题的课程计划和方案。我们让学生们在活动中进行角色扮演，例如模拟法庭和韦德设计的模拟联合国等活动。在这样的情况下，孩子能够真正地学到东西，因为他们能够有机会充分地发掘和探索自己对事物的天然好奇心。他们变得渴望知识，并能够积极主动地寻求这些知识，而不再是坐在教室里被动地等着老师讲授这些信息。当你翻转了学习的过程，要求学生自己去寻找答案，这不仅仅有助于提升课堂参与度，也能够培养对学生终身有益的习惯。

霍普：我总是尽可能地为五年级科学课班的学生寻找那些能够激发求知欲的方法。我会时不时地向学生展示一个实际上没有既定解决方案的任务。最近，我刚刚让他们尝试针对单独包装的糖——例如士力架、圣诞袜什锦糖、三个火枪手糖等开展浮沉实验。我要求他们确定哪些类型的糖果会在水中下沉而哪些会漂浮于水面，然后记录自己的实验结果。他们很快就得出了结论，然后看着我，脸上的表情都写着：**这就完了？这算个什么实验？你当我们还是一年级的小孩子啊？**然后我告诉他们，你们需要像真正的科学家那样思考，你们需要找出办法来逆转自己的实验结果——比如怎样可以利用密度和浮力的原理让那些原本下沉的糖块漂浮于水面，而让那些本身漂浮的糖块下沉。这一次，孩子遭遇了惨败。我看到了他们脸上沮丧的表情，孩子几乎都放弃了。老实说，这是一个无解的问题。

当然你也可以利用一些东西来影响浮力和密度，例如

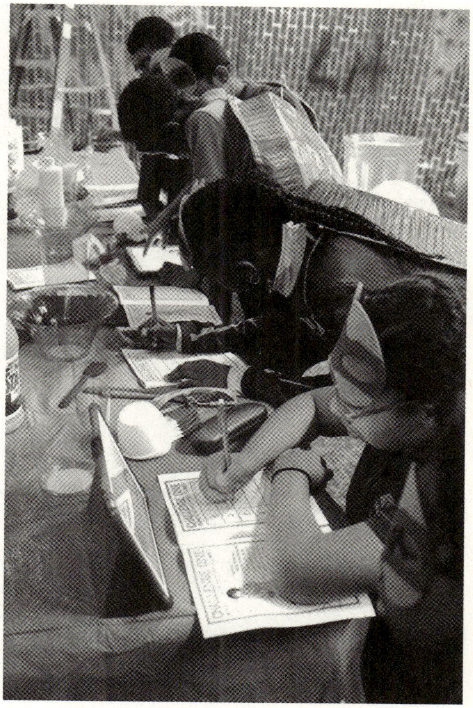

在水里放上一个金属勺，但我并没有给学生提供很多备选材料。因为我想要看看他们是否具备了坚持下去的毅力以及迎难而上并保持尝试的动力和互相激励的能力。最终，他们找到了一个能够让下沉糖块漂浮的办法（就是在水里加盐增加水的浮力），然后整个教室都爆发出欢呼声。他们高兴得蹦蹦跳跳，跟对方击掌庆祝然后感到更有动力继续尝试。而他们也有理由这么高兴：因为他们的确花费了大量的工夫才获得了成功。你什么时候见过学生在写完一沓试卷后兴奋欢呼的情况？

另外一堂以求知为核心的课程是关于“黏土”的。当我发现黏土在学生中间十分流行时，我简直不敢相信。如果你跟我一样也没有意识到这种狂热的潮流，那么我可以负责任地告诉你，对于学生来说，黏土就是新一代的培乐多彩泥或弹性橡皮泥。这种黏糊糊的物质没有特殊的用途却具备巨大的流行力——学生不仅会自己做，还会相互交

图为霍普五年级的学生在科学课上运用探索技能、物理和化学特性的相关知识以及科学指导方法在《忍者神龟穿越下水道》的教室改造活动中造出了黏土。

换和出售这个东西。我知道如果自己能够设计一次黏土制作课程，那么我就可以跟上这个时尚的潮流。

如果你不知道的话，让我负责任地告诉你，制造黏土是一个分离过程。每一个步骤都至关重要，只有操作得当你才能够最终分离出黏糊糊的胶状物。因此，本着求知课堂和学习的精神，我让学生放手去自行探索。你能猜到发生了什么吗？学生点开了搜索网页上跳出来的第一个链接。他们下载并打印了所有的操作步骤，但他们只看完了成分目录就开始动手了。他们从我提供的材料中选取了这些成分，然后全部扔进一个碗里。看到这一幕，我差点控制不住地大喊："赶紧停手，你们疯了吗？"但我忍住了。在孩子按照错误的顺序将所有成分融合，并且开始搅拌而不是糅合这些胶状物的时候，我也忍住了没吭声。我选择袖手旁观，是因为我知道孩子正在经历至关重要的人生一课——就是你必须跌倒才会意识到自己犯错了。

没错，学生需要犯错和经历失败。这是学习过程中不可或缺的重要部分。最终，孩子在黏土制作的课程上遭遇了彻底的惨败。他们很快发现自己造出了各种各样的东西，但就是没有黏土。但是从另一角度来说，他们真正理解了为什么我会要求他们严格执行所有的操作步骤。他们同样也学会了从失败中振作起来，找出自己犯下的错误，然后在下一次尝试中改正自己的做法。而这一切都是科学实验内容之外的额外收获。而这种学习的氛围和文化也是我们仅凭厚厚的教案永远也无法实现的。

当教师允许学生犯错，并从错误中吸取经验教训，他们能够教给学生的就远远不止是课本上那些规定的标准化教学内容；他们还能够教会学生坚持、自信和毅力等美好品质。他们能够向学生们展示，人生并不会总是一帆风顺，而且失败了也没什么大不了。孩子需要学会这个人生道理：没有人可以总是一次尝试就成功，所以失败并不可怕，重要的是能够坚持努力。孩子需要学会如何真心地为他人的成功感到高兴，但与此同时能够不因自己的失败而灰心丧气。我们曾见过很多老师想方设法确保全班每一个人都能够获得某种奖励，以避免看到孩子的眼泪或是其他形式的崩溃表现。这就是所谓的激励和鼓励吗？在我们看来并非如此。我们的看法是教师应该欢迎这些眼泪，允许这些暂时的挫折和崩溃情绪。因为没有这些经历，我们就无法让学生理解真正的自信和对自我的强烈认知。身为教育工作者，如果我们试图避免一切挫折或崩溃表现，那么我们将永远也无法教出强壮、坚毅的学生。

当学生遭遇崩溃时，你不能强调令人挫败的当下，而是要专注于他们的未来。你当然想要为学生扫清一切可能导致失败的错误，但是这个世界并不会为他们这么做。事实上，这个世界只会不停地把一个又一个的挑战和困难甩到他们面前。学生必须学会从失败中站起来，然后打赢自己面临的战斗。这或许是我们希望本章能够为你提供的最重要建议：在教导学生如何从失败中恢复和庆祝他人的成功时，你必须坚定地设定始终如一的行为预期。

我们不认为不假思索地奖励每一个学生是有效的做法。相反，我们试图为学生灌输足够的自信，让他们能够勇于承担风险。霍普创造了一个被她称为“解锁魔法”的奖励机制，其中特意设置了运气和风险相结合的元素。学生可以凭借良好的学业成绩或行为获得钥匙，但你打开的是运气还是风险却不一定。到了每个季度末，霍普会邀请那些拿到钥匙的学生用手里彩色的钥匙打开对应颜色的锁——在所有十二把钥匙中，只有一把能够“解锁魔法”并给那个幸运的孩子带来一次特别奖励旅行的名额。当霍普在我们的工作坊谈到这个活动时，总会有那么几个教师因为这样一个奖励机制竟然导致大多数学生失望而感到惊恐万分。但我们已经教会学生形成了这样的一个心态：这一次或许我不是很幸运，但下次的赢家可能就是我——与此同时，我们将要庆祝那些成功解锁了魔法并即将出游的同学。这里，我们需要再次回归我们一开始为这个机制所设定的预期。我们在这个活动中设定了相当高的要求，但我们的学生都能够通过努力达到既定的要求，因为我们赋予了学生足够的自主，给予了足够的激励让他们可以做到。

激励学生的自主性可能是这四个以E开头的元素中最难实现的一个。因此，我们将在下文中提供一些启动的策略和方法。其中一个方法很容易操作，首先自己先树立这样一个心态：你并不是在教整个班级的学生，而是针对每个坐在教室里的个体展开教学。当你形成这样的思维模式之后，你会发现自己很自然地开始关注每一个学生与众不同的性格和长处。

韦德：我给学生们加油打气的一个方式就是，给他们写一些简短但有针对性的提示。这些针对不同学生写的东

西其实花不了多长时间——你只需要花几分钟在一张书签或便笺上写几句话就行。我会强调自己从这个学生身上看到的某个优点，或他们在学校里做的一些事情，或他们对班级的贡献，或他们做了什么让我感到骄傲的事情。我总是尽可能地把学生们看成年轻人，所以我也会写下我对他们未来的预期，并且让他们知道我相信他们未来一定会获得成功。

例如，

我欣赏你在技术方面的兴趣，我知道你将来肯定会在技术领域大放异彩。

昨天你在历史课的讨论中带来了许多正能量，这对整个小组专注于话题的讨论很有帮助。

我注意到你在写作方面的天赋。我希望你能够在毕业之后保持写作的习惯，并继续探索自己在这方面的才能和天赋。

所有这些便笺上写的话都不一样，因为我的目标是让孩子知道，在我眼中，他们都是不同的独立个体——我看到了他们身为个体的特色，那些与其他班级学生不同的品质。我一直没有意识到这个做法能够产生多大的影响，直到有一天，我发现我的一个学生克里斯托夫，把我给他写的便笺条贴到了家里的书架上，并且在八年级毕业之前每天都要读一遍。当有人全身心地相信他们的能力时，孩子就会感到备受鼓舞。作为教师，我们拥有这样的能力，而且我们不应该丢掉这种激励的能力。

❑ 本章小结

我们在前文中数次提到，教师总是会问我们是如何做到的。他们之所以会这么问，是因为他们以为我们每一天都会想出一些与众不同的活动或设计，不管是教室大改造还是科学实验，或是一个全新的游戏，一首新歌。但是如果我们每天都进行教室大改造，这个活动就会失去它的魅力。而如果我们的创新活动就是一首又一首的新歌，那么这个活动的吸引力也会消失。如果孩子上午在霍普的课程上玩了“猜字谜”的游戏，下午又在韦德的课上再来一次，他们可能就会失去所有的兴趣。

可预见的活动永远都无法创造魔法。事实上，教师在我们的博客或社交媒体上看到的不过是我们教学生涯中的精彩回放。在很多时候，我们走进教室后也只是完成常规的教学。这就是我们身为教师的日常工作，跟你们的工作没什么两样。我们不可能为课堂上的每一分钟都设计一些特别的活动。当我们只能够进行常规教学的时候，我们也必须确保良好的教学效果。教学必须生动活泼，还必须能够吸引学生的注意力。我们可以尽可能想办法从教学内容传递的方式方面提升学生的参与度，这包括你的声音、动作和吸引学生注意力的各种教学策略和手段。

可预见的活动永远都无法创造魔法。

在演艺圈有这样一句至理名言：永远要给你的观众留下念想。你不能一次就把自己所有的能力都展示出来，或使出浑身解数让你的观众感到彻底的满足。你应该让他们感到意犹未尽，想知道你下一次能做什么，只有这样他们明天才会迫不及待地再次买票来看你的表演。

第八章

忠于真实的自我

我们要勇于呈现真实的自我，无论这个形象有多么吓人或陌生。

——梅·萨藤（May Sarton）

❑ 第五步：确定个人激情所在，并以此为出发点

准备好迎接一些好消息吗？下面就是我们的独家发现：作为一个踏上创新突破道路的教育工作者，你具备一个唾手可得的创新资源，但这个资源长久以来都被忽视掉了。这个资源就是你战胜无聊课堂的秘密武器。这是你的魔法石和你的红宝石鞋（来自《绿野仙踪》）融合在一起的秘诀。这就是你袖子里藏着的那张王牌，让你可以改变整个牌局的走向，并神奇地把每一轮牌面都向你倾斜。下面，请集中你的注意力，看看我们是如何运用策略来打好手上的这张王牌的。

但在此之前，让我们先回溯一些背景知识。

我们很幸运，因为在我们就职的学校里，每一个同事都是教育大师。但神奇的是，每个人都有自己自成一体的教学模式。每个人的教学风格都与其他人不同。他们都将自己个人的才能或特殊的兴趣爱好融入

课堂教学中。他们无法调换角色或交换彼此的教学风格，因为每一个人都凭借着真实的自我和品质来驱动自己的课堂参与度。这会得到什么样的结果呢？我们的学生在进入不同的课堂进行学习的时候，每一节课都能够带来完全不同的学习体验和学习环境。所有的学生不自主地受到了激励、挑战、启发，并最终能够全身心地投入学习。

你袖子里藏着的那张王牌就是我们认为应该成为你"最乐在其中的事情"。它应该是你真心喜欢或特别擅长的一件事情。它可以是一种天分、一种技能、一个爱好或一项你愿意浪费时间去消遣的兴趣。它可以是你在课堂之外愿意沉浸或花费大量时间去钻研的任何事情。当你试图尝试不同的方法来激励学生的课堂参与度，并试图运用创新的手段来传授教学内容时，它就应该成为你的出发点。当你在创新突破的道路上不断前进时，你最乐在其中的事情就是你个人的兴趣爱好和提升学生课堂参与度这个职业目标产生交集的地方。

我们有一个在小学教学的同事玛丽，她很喜欢园艺。她的教室就是一个令人赏心悦目的地方，你可以看到非洲紫罗兰在窗台上怒放，也可以看到喜林芋的藤蔓从教师讲台上蜿蜒而下。她能够不费吹灰之力将自己对园艺的热爱与教学内容结合起来。她的学生会跟她一起把豆子发成可以食用的豆芽。他们一起给捕蝇草喂食撕碎的汉堡渣。每年圣帕特里克节的时候，他们会把白色康乃馨插到染了颜色的水和养料里，慢慢地观察植物是如何吸收水分并最终变成绿色康乃馨。他们甚至通过直接观察蝴蝶学习了生物的生命周期：他们看到蝴蝶的虫卵孵化，看到肥胖的幼虫如何不断地啃食肥嫩的叶子，直到吐丝结茧把自己裹在其中，然后见证成熟的蝴蝶破茧而出。而这个单元学习的最后一部分内容就是集体去往当地的社区蝴蝶公园将所有这些蝴蝶放生。玛丽的学生之所以能够体验许多有趣的学习过程，是因为他们很幸运地拥有玛丽这样一个富有天赋的老师，也因为玛丽知道如何将自己对自然事物的热爱和培养小学生这个职业热情充分结合起来。

喜欢和擅长园艺并非标准化的教学要求。但玛丽能够将这份热爱融入自己的教学和课程设计的方方面面之中。为什么不这么做呢？身为教育工作者，我们可以将园艺与各个年级的不同标准化教学内容相结合，包括与文字收集、科学探求、生命周期、组织细胞的特点、生物多样性、生物体的进化以及遗传特征等标准化教学内容相结合。请记住，格里格·孟德尔（遗传学的奠基人，被称为现代遗传学之父）正是通过对豌豆植物进行研究才发现了生物的显性或隐性特征遗传的规律。所以为什么要限制自己在科学方面的创意和探索呢？土豆植株问题导致了爱尔兰土豆歉收并最终引发饥荒，而饥荒则导致了史无前例的移民大潮——而移民问题则是一个社会学领域的标准化教学内容。

你最乐在其中的事情无论是什么，都具备巨大的价值。发掘自己身上的特质和潜力让你能够对自己展开教学的方式充满热情，即便是在你对自己即将教授的内容毫无兴趣的情况下也同样有效。因为这种融合能够给你带来个人的满足感和成就感，并让你能够更好地维持工作和生活之间的平衡。当你把自己最乐在其中的事情融入课堂教学中，你自然而然就会变得更有创意，因为你把作为个人的自己和作为教师的角色成功地联系起来。**你能够以真实的自我去工作和生活**，忠于自己的内心，并充分利用了自己生而具备的天赋。斯蒂芬·金（相信我，我们跟他没有亲属关系）在自传中反驳了那些指责他倾向运用恐怖元素的写作风格，并表示："我天生就喜欢黑夜的暗沉和不安分的棺材……这是我骨子里天生的热爱。"现在就让我们所有人都保持忠于自我的状态，让我们都从自己天生就具备的特质着手。因为，忠于真实的自我是创新不可或缺的一部分。

韦德：我在读十年级的时候——不管怎么看，我都不是一个优秀的学生——我跟一群朋友一起组建了一支名为"荆棘的荣耀"的乐队。我学会了弹吉他，学会了如何像专业的巡演乐队成员那样把乐器装到卡车上，还学会了如何安装扩声器和麦克风——但更重要的是，我学会了如何将个人的才华融入团队的工作之中，并学会了如何成为一个团队领导者。我也意识到，跟品质良善且志同道合的人交往有多么重要。你的热爱就会成为你的归属。

我在乐队里待了好几年，开着车子四处演出。没有这些朋友的支持，我肯定没办法上完大学。他们就是我的家人。虽然当时的我不知道，但这段经历为我日后在教学工作中运用音乐打下了坚实的基础。回忆这段经历，现在的我终于明白，正是这段经历让我坚定地相信音乐是建立人际关系的一个有效手段。我甚至还称不上是一个超级有天分的音乐人。不过是因为我喜欢玩乐器，所以我玩音乐也是为了让自己开心。在我执教的第二年，我开始反思我自己是一个什么样的人以及我想要成为什么样的教师。就是这一次反思让我产生了把吉他带进课堂并创作与教学内容相关歌曲的灵感。我觉得自己可能会很享受这个过程，而且我希望自己的学生也能够跟我一样沉浸其中。我开始在课堂上弹奏麦克·布雷（加拿大著名歌手）的歌曲，我的学生不太知道这个人是谁，但是他们能够了解关于我的更多信息。

你的热爱就会成为你的归属。

我觉得你需要直面真实的自我。现在大多数的学生都喜欢嘻哈音乐。所以这其实是一种相互妥协的做法，因为我在课堂上弹奏的依然是流行和摇滚音乐，但我跟学生都从彼此身上学到了很多东西。你的课堂也应该包含一些你身为教师真心喜欢的元素，因为你的学生会发现这些元素，并意识到你并没有试图妥协或是盲从于任何环境。

霍普：在我的家庭，我的母亲是一位富有创意、技能爆表的人物，我甚至坚定地相信，哪怕你丢给她一坨屎，她也能够给你变成黄金。她在成为全职妈妈之前是一位会计，所以即便回归家庭之后，她还能找到各种办法通过自己的创造能力来挣钱，比如，她负责装饰婚礼蛋糕、帮别人开画展、帮别人装饰家里的墙纸，等等，她甚至还跟朋友一起做起了装饰袜子的生意——是的，没错，就是装饰我们日常穿的那种袜子的生意。我的母亲甚至给我的每一套衣服都配备了完美搭配的装饰袜子。在我们成长的过程中，我们的耳边就没有停下过母亲关于油画、纱线、串珠和手工艺品的交谈，但即便如此，母亲还是成功地保证了家里的整洁。每个周日在去教堂礼拜的时候，每当我抬头看自己的父亲，都能够发现他的下巴或耳朵上有闪闪发光的饰物。我猜，这可能就是娶了一个创造天才的额外福利吧。

在我还小的时候，如果我需要做些什么来打发时间，我的母亲就会给我穿上一件工作罩衫，然后给我安排一个小任务，于是我就可以坐在她身边自己动手做事。我可以装饰自己的小蛋糕或是给自己的袜子画图案。跟母亲一起做手工也塑造了我的一部分性格。这也正是为何我对所有需要动手的学习过程都充满了热情。我的母亲一直秉持动起来的工作态度。如果她需要修理或设计什么东西，她就会自己动手找到办法。所以，我一直是一个触觉型学习者。通过利用最基本的材料来发挥自主性创造全新的东西，这样的学习过程让我具备了较高水平的思维能力。从本质上来说，我的母亲运用了STEAM（代表科学Science、技术Technology、工程Engineering、艺术Art、数学Mathematics）的家庭教育模式，而这一切远远早于官方对STEAM的推荐和流行。这个教育方法让我能够探索、犯错和捣乱——有的时候我真的会把家里搞得一团糟。这种动手型的学习让

图为霍普跟自己的学生在罗恩·克拉克学校进行的诗歌野餐主题教室大改造现场。

我能够培养自信并养成了让自己动起来的工作心态。所以我从来都不害怕一头扎进全新的事物中去。

我们所在教区的牧师也特别有创意，这对我也产生了深刻的影响。当年他们是如何想办法让所有这些教义的内容变得鲜活的情景依然历历在目。（我很喜欢他们的做法，尽管有的时候——尤其是我老爸——会穿一些道具服装把年幼的我吓得浑身发抖）雷恩牧师有一次甚至把整个青少年教会房间变成了一只鲸的肚子，就是为了让我们学习约拿的故事（约拿：一个希伯来先知，他乘船逃离上帝，被抛入大海后遭大鱼吞吃，并被鱼吐到一块干地上）。当然，我母亲也帮忙装饰这个房间。他们用黑色塑料把整个房间都笼罩起来，包括地板、天花板和墙壁。然后在房间里洒满绿豆、切片的香蕉、黏糊糊的虫子和罐头菠菜来模拟鲸胃里那些黏糊糊的东西。至少整个房间真的挺滑溜的。他们还给房间配上了水滴落的声音，我的母亲用键盘弹出了这个音效。那个时候我们还没有YouTube这样便捷的资源网站。整个房间的灯都关掉了。我们这些孩子在进入鲸肚子听牧师的布道之前都要把眼睛蒙上。我现在依然记得所有的细节：每一幅画面、每一种声音和每一种气味。也正因为印象如此深刻，我再也没忘记过约拿的故事。

在另外一次经历中，专门负责儿童圣经布道的牧师马克为所有的孩子设计了一次使者之旅。他进行了十分精妙的改造，设置了各种各样针对儿童开放的部门和机构。我们首先走进"机场"，然后经过安检并登上"飞机"。在抵达"洪都拉斯机场"之后，我们需要经过"海关"，并且需要体验"海关工作人员"可能会要求一些"传教士"把自己的包裹打开检查。当我们走出机场并进入洪都拉斯这个国家（主建筑大楼）之后，我们可以品尝当地小吃、体验地方的音乐和文化，并学习传教士都做出了哪些牺牲和风险来完成自己肩负的重要使命。直到今天，这段记忆依然鲜活地存在我的脑海里，就好像一切就发生在昨天。为什

图为霍普的母亲潘以“形容词苏斯阿姨”的身份参与了霍普给一年级学生上的描述性写作课。

么会这样？因为这是一段真实的学习体验，这段体验让我真正进入了一个完全不同的世界。

到了我的大学阶段，我的母亲跟我接手了儿童的布道工作。这给了我一个实践自己所有疯狂的想法的完美机会。我们会设计一些宏大的故事场景，就像我的牧师当年为我做的那样。一年之后我成为一名教师，而教室大改造也自然而然成为最乐在其中的事情。

什么事情会让你乐在其中？或许你的心中现在已经有了一个明确的答案。但如果你还是不确定，那么你可以回到反思这个步骤。你还记得我们在大学教育课程上学到的那八种不同的智慧领域吗？这些不同智能领域可以成为你的出发点，你可以用它们来反思自己的兴趣爱好以及如何能够将这八种不同的智慧领域与自己的创新课堂活动关联起来。我们在前文中已经提供了案例，可以让你了解到不同的智慧类型和教学内容如何与个人的兴趣爱好相结合，我们的经历是否能够让你产生共鸣，或激发你对个人潜力的灵感呢？

下面我们简要地回顾一下八种不同的智慧领域：

视觉空间——物理空间、建筑、模型、木工、地图、导航、地理、迷宫、折纸手工、摄影、设计、动画、漫画书、电影和视频、几何设计、时装设计、室内设计、景观设计、房屋修缮项目等。

身体运动——舞蹈、运动、徒步、慢跑、锻炼、动手做东西、手工、演戏、角色扮演、哑剧、动作表演的字谜游戏、攀岩、瑜伽、体操、滑板运动、滑旱冰、骑行、竞技运动、杂耍、保健和药物等。

音乐——音效、节奏、听音乐、听演奏会、写歌词、谱曲、弹奏乐器、抑扬顿挫的讲话、说唱、歌剧、音乐剧等。

人际关系—社交——与他人互动、参加小组讨论、辩论、研讨会、对话、写信、旅行、文化学习、政治、人际礼仪、社区服务、社交媒体、团队运动、竞赛、俱乐部、家谱、节日传统、娱乐活动。

人际关系——自我反思、冥想、剪贴本、写日记、阅读、写诗等。

语言文字—— 大声朗读、文字游戏、写作、诗歌节奏、故事、散文、聆听口头表述、幽默、发表演讲或做展示、播客等。

数学逻辑——推理或抽象思维、解决谜题或悬而未决的问题、法律、哲学、木工、缝纫、计算机科学、编程、象棋、策略游戏、天文学、工程学、实验、科学方法、犯罪调查、法医学等。

自然观（Naturalistic）——园艺、宠物、野生动物、观鸟、气象、地理、种植、农业、收集标本、陆地小型动物饲养、钓鱼、水肺潜水、昆虫、爬虫、生态系统、生命周期、食物链、生物多样性、生态学、自然资源、气候变化等。

或许你的一些兴趣或爱好没有涵盖在我们上面列举的不同智慧领域之中，或并不适用于上述任何一种分类——无论如何，你感兴趣的任何东西都可以成为你的创新出发点。

❑ 如何开始创新

如何才能够将自己乐在其中的事情与教学的内容联系起来？我们的创新都是从我们感兴趣的东西开始的——对韦德来说是音乐，对霍普来说是手工——我们很自然地开始在课堂上利用这些兴趣爱好来创新，并没有经过太多的思考和纠结。这对于我们来说是一个试错的过程，所以你也应该如此。你可能需要直接开始采取行动，但我们可以为你提供一个开展实验的大概流程框架作为参考。

选择一个主题

当你在规划一个创新课程的时候，你首先需要选择一个适合自己的主题，然后想办法把这个主题与自己需要教授的内容结合起来。这个步骤至关重要。因为基于以往的经验和教训，我们知道这是最佳的方法，反过来则行不通（即从内容出发，然后试图从内容中总结出一个主题）。

我们没办法解释为什么这个方法会奏效，或许只能说因为这个方法充分发掘了教师的个人激情。因为我们发现，如果我们真正对自己选择的主题感兴趣，剩下的操作就会水到渠成。

你所选择的主题可以是任何让你产生兴趣的东西。我们曾经从电影、书籍、体育运动、电子游戏甚至是深夜电视节目中获得过灵感。最核心的理念就是，你需要找到自己真正喜爱并乐意带到课堂上分享的事物。举个例子，你可能会想要在今年十月尝试一些令人毛骨悚然的东西（哪怕你身处的教学区不允许你使用万圣节这个词）。正好你特别喜欢吸血鬼的故事，所以你决定把吸血鬼作为你的主题。这样，你就完成了第一步骤的操作。

确定教学内容

然后你需要思考自己需要教授的教学内容和标准。在考虑了学生的年级和你要教的科目的基础上，你怎么样能够把这些教学内容和标准与吸血鬼挂钩？在这里，你可以充分发挥你的想象力。你可能会想出什么样的点子？与教学内容相关的创意可能包括：血型（生命科学领域）、民俗和传说（阅读理解领域）、了解文化差异（社会学范畴）或白天的长短及季节变换（自然科学领域）——之所以想到这个创意，是因为吸血鬼不能暴露在阳光下。

规划课程

一旦你明确自己的主题和教学内容之后，最后一个步骤就是整个课程的规划。这取决于你如何界定自己的舒适区——你能够在多大程度上挑战自己？你可以采取保守的做法，从一元折扣店购买那些万圣节的饰物来装饰教室，凸显主题。你也可以尝试疯狂的做法，假扮成一个吸血鬼去上课。你还可以完全推翻课本上的规划，创建一个全新的教学方案（或设计全新的特别活动或游戏），充分利用吸血鬼传说中的各种元素。或者你也可以在现有教学方案的基础上进行微调，添加一些活动或游戏来融合你的主题，例如跟学生玩一下吸血鬼垃圾筐投篮游戏。

本质上来说，这就是全部的创新过程了。最难的部分在于，如何平衡教学内容和创新的教学方法。在实践创新的教学方法的同时，你也要牢记尽量争取实现学业方面的进展。在这里，我们需要反复强调：在课程中添加的所有附加资源都是为了提升学生参与度并且必须为教学提供支持，而不是削弱教学的效果。实践的底线是学生必须掌握教学内容并能够牢记。

当你刚开始尝试创新突破时，尽量选择那些你早已烂熟于心的教学内容来开展实践。如果你需要教授一个全新的单元，不要轻易地尝试全新的活动和设计。给出这样的警告是有理由的：当你对教学内容充满自信时，如果额外的活动或实践失败了，你也不会浪费时间。如果学生无法解开你在寻物游戏中留下的线索，或你在教室大改造中搭建的帐篷塌了（相信我们，我们就亲身经历过这么不靠谱的意外），你依然可以卷起袖子然后带着微笑、热情和热忱来继续教授既定的教学内容。你不会浪费大好的教学时光。如果事情进展不顺利，而你也无法迅速调整活动的设计，那么可以尝试将这次的失败本身当成一个可以跟学生交流经验教训的机会。寻物游戏里那些线索到底哪里出了问题？你能否借此机会让学生明白失败和错误的价值，从而不必总是追求完美的结果？正如托马斯·爱迪生说过的那样："我并不是失败了。我只是找到了一万种不能获得成功的办法。"

无论你试图向学生传递什么样的新信息，你都必须让它具备吸引力。无论是晨间的口号、用来强化历史知识的歌词，还是在考前锤炼数学技能的竞赛游戏，不管你采用什么活动或设计，你都得让要自己兴奋起来！一定要记住，如果你无法表现出对这些创新活动或设计的热情，你的学生肯定不会买账！

韦德：我最喜欢的一些口号和激励语来自电影。如果我在电影里看到一些自己喜欢的东西，我会很自然地想要把它们带进我的课堂。但是，在我介绍全新的信息之前——例如全新的呼吁和应答的内容——我会先把那个电影片段播放给学生看。而在观看的过程中，我自己一定会笑得跟个傻子一样。（吉米·肥伦就是这么干的。他是夸张笑声的大师，因为他知道笑容和欢乐是会传染的。）我希望孩子能够觉得刚刚看到的电影片段是他们这一整个星期看过的最酷和最搞笑的东西。我希望他们能够明白这个电影片段的价值。虽然学生们一开始可能不会像我一样充满激情地去看待这个电影片段，这也没关系。等他们真正掌握了相关的信息，他们就会认为这是世上最棒的事情。我曾经用杰克·布雷克在《疯狂的神父》（*Nacho Libre*）中一段搞笑的台词做过实验。当孤儿院里头的孩子们因为斗殴而陷入麻烦时，神父为这些孩子辩解，并说道："他们不过是想要释放身体里不安分的小精灵罢了。”（但是，为了体会这句话的搞笑效果，你要亲耳听到他说出这句台词的腔调）所以每当孩子在课堂上坐立不安或扭来扭去的时候，我就会喊：小孩子！他们就会回应：小精灵！并同时抖动自己的肩膀。我们一起释放身体里不安分的小精灵之后，会继续回归正常的教学。

当我决定要设计一次以超能战士为主题的课程时，我真的需要花费很大力气让孩子能够产生兴趣。《恐龙战队》（*The Mighty Morphin Power Rangers*）的电影版早在1995年就发行了，这是伴随我个人成长的一系列电影。我需要在进行教学内容之前先跟学生介绍一下这个超能战队里的各个角色，只有这样，他们才能够理解接下来的内容。我购买了Netflix发行的视频片段并给学生们提供了一些背景信息。按照现在的标准来看，1995年的这部电影里的特效看起来很粗糙，所以我们讨论了电影科技在过去20年发生了哪些变化。我的卖点是怀旧情绪，是在当今精妙的数字效果出现之前真实的电影体验。通过这样的方式，我让学生理解为什么他们需要对这些内容感兴趣。而这一切都获得了不错的效果。在接下来的教学内容中，我拿美国在中东布置的无人机跟电影中的战斗恐龙进行了对比。而霍普则是利用这些素材带着学生一起做了精读训练，主要了解电影演员的生平。而且，我们后来还举办了一次辩论，辩题是：当电影中的外星人（敌人）被俘虏之后，他们是否应

美版《恐龙战队》最有代表性的演员杰森·大卫·弗兰克，在影片中饰演“绿战士”汤米·奥利弗，出现在霍普和韦德的课堂，给学生创造了一次魔法瞬间。（从左到右：霍普、杰森、韦德）

该享有跟人类同样的权利？最基本的原则就是：如果你能够表现出某样事物是这个世界上最酷的东西，那么你就可以通过展示自己个人的浓厚兴趣来吸引学生的参与。

针对低年级的孩子进行类似的教学活动很容易取得成功，因为小孩子天生就有好奇心并且对教师有着天然的敬畏。到了初中和高中阶段，很多老师会自我怀疑并且不敢尝试引入常规教学内容之外的东西。他们经常说，他们早就知道自己十一年级的学生不会对游戏或歌曲做出任何积极的响应——但这主要是因为身为教师的他们，对自己要做的游戏或唱的歌曲首先感到尴尬。如果自己都感觉不自在，那么你就会表露出这种尴尬，而你的学生也只能做出尴尬的回应。你只需要大胆地跳出自己的舒适区，并勇敢尝试！你会惊奇地发现，学生能够给你多么意外的响应！而如果你全新的尝试失败了，也没关系，继续常规教学即可。你可以选择调整这个失败的做法并再次尝试，或彻底放弃并设计一些全新的活动。

有时，当你在课堂上尝试全新的做法时，你会发现有一个或几个学生四处张望、暗自窃笑或是独自沉迷某些粗俗或蹩脚的东西。忽略这些反应，你继续你既定的做法即可。你需要鼓足勇气继续下去。学生，尤其是男孩子，到了一定的年纪就会不由自主地表现出一副不屑一顾的姿态，或是极度叛逆而不愿配合的状态。不管他们表面上给出的反应是什么，最重要的依然是他们内心的状态——而我们可以向你保证，他们内心里一定喜欢你所有疯狂且难以预测的教学策略。更重要的是，他们的确能够在这个过程中实现专注的学习。

霍普：我永远都忘不了我九年级的几何老师，博伊德女士。我依然记得她用手势和一首歌来教我们正斜率和负斜率。我们所有人组成了一列小火车，在教室里绕圈，一边跟她做着同样的手势，一边唱着歌。这看起来是不是很幼稚？当然！但这是一个有趣的活动，所有人都参与其中——包括那些粗壮的足球运动员。几何其实是一门很难的课程，但博伊德女士具备足够的自信来运用有效的方法确保所有人都能够学会。而她设计的方法的确产生了效果。

因为直到今天，我依然记得那首歌："平行线有同样斜率；垂线——负导数。"我对博伊德女士的印象特别深刻，我依然记得她长什么样子以及她引导我们一起唱歌和绕圈时的快乐。我依然记得她的笑容如何点亮了几何这个对我来说特别枯燥的学科。这对我产生了深远的影响。

你生命中是否有这么一位老师？你难道不想要成为这样的老师吗？作为教育工作者，我们的使命就是改变孩子们的命运。而要做到这一点，你就必须给予他们一些终身受益的东西——哪怕你的学生们想要显得自己很酷而逃学。收起你作为个人的骄傲并放到一边。我们的职业目标并不是我们的学生如何看待我们。不久前我在放学后跟一群学生聊天，然后我用了一个表述，他们觉得早就过时了。其中一个学生说："金女士，你知道现在的人已经不用那个表述了吧？"我只是笑了笑，然后告诉他："但我还在用啊，这是不是让我看起来特别酷！"孩子们欣赏我的回应。当你在孩子面前展示了真实的自我，你就通过自己的行动告诉他们一个道理：做真实的自我是可以被接受的！

❑ 如何提升创意的难度

利用个人乐在其中的事物来协助教学并提升学生参与度有一个好处，那就是，所有的活动都能够在现实生活中运用。假设你正在教授三年级的学生什么是分数，而你的学生根本没有意识到分数在日常生活中到底有多么普及。但如果你乐在其中的兴趣刚好是烹饪或烘焙，那么你可以利用比萨分块和叠加或切分一块布朗尼的菜单来让学生明白分数怎么用。当然，我们需要再次强调，烘焙并不是必备的技能。但你同样可以利用厨房里的一些技能来创造一段独特的学习体验，让孩子能够明白分数、小数、测量、如何按照规定的流程操作（例如，一份菜谱）、化学反应和科学实践等标准化的教学内容。当我们还是助教时，我们就利用了一整个单元来结合厨艺和科学以及基本数学概念等教学内容。哪怕是幼儿园的孩子们也可以自己做出柠檬水！

当你基于自己乐在其中的技能来设计课堂活动，并取得了良好的效果，你可以尝试提高难度。当你取得了一定的成果，一定要在此基础上继续提升！不要试图从头开始设计一些全新的活动，这只会增加你自己的工作量。假设你成功地利用比萨完成了分数这个数学概念的教学，那么你可以参照下面的案例来继续提升难度：

- 当你再次尝试利用食物或烹饪内容来开展数学教学时，可以尝试融入多种数学概念或技能，或增加写作或科学成分来贯穿既定教学内容的全过程。
- 你可以尝试让学生自己创建菜谱——例如将小数相关的练习与原材料的价格挂钩，并要求学生通过叙述性写作技能让每个菜谱都看起来无比诱人。
- 当你充分掌控了数学内容与食物主题的结合操作之后，可以让学生为一家虚拟的餐厅制定预算。他们可能需要基于教师提供的供货单上各种原材料的价格来计算运营的成本并进而对菜品定价。
- 最后，一次教室大改造可以让整个学习的乐趣和难度再次升级。你可以在自己的比萨餐厅里铺上方格子红桌布，播放流媒体音乐服务平

台Spotify里的意大利餐厅歌单，为“餐厅服务生”提供白围裙，然后在黑板上写出今日特别推荐菜品等。

你现在是否能够设想一下，自己如何利用同样的方法将自己喜爱的技能与教学的内容结合起来？

至于提升难度的节奏和水平，应该取决于你个人的性格、你承担失败风险的意愿、你与学生之间建立起相互信任的程度、你管理课堂的技能以及你对教学内容的信心和你确保学术纪律性的能力。一定要牢记，学习才是最重要的这个首要原则，并记住，在你设计和规划所有这些特殊的课堂活动时，你的目标应该是取得最佳的教学效果，并且让自己的工作更富有乐趣和智慧，而不是充斥更多无效的苦工。

❑ 不要掉入攀比的陷阱

相互比较几乎是无法避免的。一旦你开始在创新道路上大踏步前进，你内心深处的小丑牌就会开始给你下绊子。为了让你失败或感到丢面子，它会告诉你其他老师都做了什么令人惊艳的事情，然后不停地嘲讽说你根本没法跟别人比。不要听信小丑牌的话！不要陷入这个相互攀比的陷阱。一旦你开始拿自己的努力和成就与其他人相比，你就限制了自己的发展。相反，你应该庆祝自己每一个细微的进步。如果你能够跳出自己的舒适区并开始尝试新东西——无论是什么事情——只要是与以往不同的事情，你都可以把这种尝试视为一种成功。如果你写出了以教学内容为主题的歌曲，这也是一种成功——哪怕它听起来不如黄老板（英国创作歌手艾德·希兰）的歌那么有节奏感。如果你用塑料桌布和背景音乐将自己的教室改造成了意大利餐厅，那么告诉自己做得很好！

而且，永远、永远、永远也不要拿自己的出发点和别人已经抵达的高点进行比较。一旦你开始有这种想法：啊，我多希望可以像史密瑟先生在大礼堂那样讲课啊，你就把真实的自我丢出了窗外。因为你试图模仿其他人已经做到的事情，但可惜的是，你并没有像其他人那样事先打下一个坚实的基础。

比较只会让你失去快乐，从无例外。我们很懂是因为我们经历过类似的阶段。我们刚开始在罗恩·克拉克学校任教时，很快就忘了自己的特色。我们试图模仿其他优秀教育工作者和同事的教学风格，结果丧失了自己的本性。搞笑的是，我们两个是性格迥异的人，但我们都掉进了削足适履的陷阱。虽然韦德在面试的模拟教学环节中用吉他征服了罗恩·克拉克学校的面试官，他直到入职当年的十一月才想到可以把音乐带进自己的课堂。拿自己跟其他人相比和试图复制其他人的做法让我们很不快乐，因为我们并不具备其他人所拥有的天分。

幸运的是，最终我们都找回了对自己的掌控。通过反思，我们终于意识到，比较和模仿的做法不仅伤害到了我们自身，也让我们的学生感到失望。我们意识到我们能够被聘用是因为我们展现了自己的才能，但在入职之后却没能呈现任何创新的事物，我们让所有人都失望了。我们不得不告诉自己，我想要做回真实的自己，虽然这听起来很恐怖，因为我不知道其他人希望看到怎样的一个我，也不知道他们会怎么看待真实的自我，但我还是想要拿回对自己的掌控权。但我们开始这么做的时候，一切都开始变得很顺利。你同样也可以做到这一点。

当你停止与他人作比较，并且只基于自己的表现对自己的进步进行评估，提升的过程才算真正开始。当你决定直面真实的自我，真实性就成为你创新的平台。因为你不再试图模仿他人，而是开始采用那些适合自己的创意和想法。你将学会利用自己个人的长处和天分来设计你的教学，并赢得学生的满堂喝彩。基于自己的个人喜好来培养和拓展天分并不是自私的做法，因为你的学生将从你的能量和热情中受益，而一旦身为教师的你展现出对某种事物的激情，你的学生也会被感染并燃起同样的热情。

韦德：在我们的工作坊中，我跟教师探讨了他们自身长处和天分的价值。同以往一样，我用了一个体育运动的比喻来阐释自己的观点。（因为我自己本身就是运动员出身嘛。）

作为开场白，我向观众提了一个问题，让他们思考一下奥尼尔大鲨鱼和霍华德（二者均为NBA篮球明星）这两个人。

“他们在哪个领域有名？”我问。

观众几乎是一瞬间就喊出了最明显的答案：“他们都是篮球明星。”

“好，他们还有什么出名的地方？”

这一次，答案就变得更加具体了。“禁区灌篮”“防守”“篮板球”。

“我的天啊，好长一串天分清单啊。你们认为他们知道自己的长处吗？”我再次问道。

每个人的回答都是“当然”！很显然，他们肯定知道自己的长处何在。

然后我告诉这一群教师，大鲨鱼和霍华德还有一个特点特别出名——这一次，所有人都被难住了。最后，我揭晓了答案。我先播放了一段大鲨鱼和霍华德罚球的视频。然后我说，“这两个篮球明星，每年打篮球赛可以挣几百万美元——几百万！但是我们在座的所有人在罚球上可能做得都比他们更好。毕竟他们的罚球命中率只有十分之一！”

所有人都笑了，他们知道自己的命中率一定比这个高。

“你们觉得，他们俩知道自己罚球很糟糕吗？”我又问。

每个人都笑了然后频频点头。很显然，这两个篮球明星自己也知道。“故意黑大鲨鱼”成了一个一语双关的表达，用来指代针对某个罚球水平很糟糕的球员实行的故意犯规行为。

所以我真正想要表达的是什么呢？

这两个篮球明星在日常的训练中都会准时出席并训练自己的罚球水平——但花费的时间和精力不如他们在自己的长处，即灌篮、篮板球和防守方面多。他们清楚地知道自己的罚球水平很低，并且提升空间有限。所以他们选择专注于提升自己天生的长处，这也是他们最喜欢的训练。而正是这些天分，让他们成为明星篮球运动员。

那么，你想要成为一个明星教师吗？如果你想，那么你需要专注于提升自己天生的才能以及那些你热爱的事情。

因为这可以带来职业的成长和成功。大鲨鱼不会——也不应该——试图成为一个优秀的三分球投手。同样地，你也不应该试图模仿或变成其他人的样子！

❑ 你的创意从何而来不重要，你如何引导和使用它才是重点

做一个创新教师并不意味着你需要时刻都想出全新的想法。我们来面对现实吧：在教学这个领域可能根本没有所谓的全新创意。我们总是从其他教师处借鉴想法或任何能够让我们产生共鸣的创意。我们需要随时随地睁大双眼去发掘任何我们可以通过调整和设计运用到课堂上的东西。我们有一次加入了一趟游轮之旅，并且在游轮举行的游戏之夜上发现人们在玩大型的记忆转盘游戏。这是一个运用不同颜色的彩光来做的记忆力游戏。我们俩转头看着对方，眼里说的都是同一件事情——我们的学生肯定会爱死这个游戏！

创意和想法无处不在。当你看到有人正在做一些你自己想要尝试的事情时，不如把这个想法"剽窃"过来然后把它复制到课堂上。因为当你抓住了一个想法并为之付出努力和时间，事实上你所付出的所有精力都是真实的。我们把这个被"剽窃"的想法称为灵感。但是，如果你的计划是完全复制或者照搬他人的做法，你不过是试图绑架他人的成功创意。就好像你因为欣赏他人的穿着而把人家的衣服拿过来硬套在自己的身上，衣服可能根本不合身。一位电影导演吕克·戈达尔说过："你的创意从何而来不重要，你如何引导和使用它才是重点。"

韦德：人们总是会不由自主地把我跟音乐联系起来。很多来学校访问参观的人都以为我是音乐老师！但实际上，我还很喜欢另外一件事情，并且也会一有机会就带进我的课堂。

我是一个重度新闻上瘾者，而且会密切关注政治新闻。所以我才会教授时政课程。但我也会把自己对政治的热情带进八年级的科学课程。当我教授与可再生能源相关的科学内容时，我会把整个课程设计成市政大厅辩论的形式。我创造了一个模拟金斯维尔的城市，然后给所有学生都分配了不同的角色。为了让一切看起来真实，在模拟辩论当天，我允许学生们不穿校服，而是穿着自己所扮演角色的相应服装来上课。其中一些学生扮演的是能源公司的代表，他们来到金斯维尔市政大厅是为了推荐自己特殊的能源资源（例如太阳能、核能等）。其他的学生则扮演城市的居民，他们必须从自身的利益出发，询问这些能源公司提出的每一个方案的好处和坏处。在这次的互动和谈判中，每一个学生都必须参与。这有助于确保学习的纪律性和效果。我们规划的任何辩论都不会让任何一个学生坐在一旁围观。

利用政治作为我的热爱和特长来教授科学内容对我来说是一件有趣的事情。而学生在通过前期调研来准备自己所扮演角色的过程其实也是一个科学质询的过程。

此外，我还特别喜欢超级英雄的电影，所以这也是我另外一个可以利用和发掘的爱好。当霍普在规划一次以《忍者神龟》为主题的教室大改造时，我主动借用这个创意，并为我的古代文明课程规划了一次日本封建制度的课程。而我特别喜欢《美国队长：内战》这部电影，我跑到电影院去看了三次。这部电影特别对我的胃口，因为情节中有涉及联合国的内容。于是我利用这部电影来设计了一次关于“二战”的课程。讲解了“二战”为何会导致作为分歧解决平台的联盟国的破裂以及让位于能量更大的联合国组织。我很自然地把超级英雄当成了那一年那个单元教学的主题。

此外，整个美国有谁不是吉米·法伦的粉丝吗？我觉得他超级搞笑！他的节目中有一个环节我特别喜欢，在这个环节中，他会在一些看起来很搞笑和愚蠢的游戏中跟自己的嘉宾PK！其中有一个游戏叫作《俄罗斯蛋轮盘赌》（Egg Russian Roulette）。其中一些蛋煮熟了而其他的是生蛋。所有的游戏玩家都要选择一个蛋然后在自己的额头上敲碎。我一看到这个游戏就想着要借用这个创意——因为孩子都喜欢这些能把人搞得脏兮兮的游戏。我决定在一次复习课上用《俄罗斯蛋轮盘赌》来替代惯用的“危险边缘”这个游戏。那天早上，我起床之后就开始布置整个教室，并且从实验室借了一口锅来煮蛋。孩子能够感觉到我在教室里谋划着一些奇怪的事情。他们很兴奋地冲进教室，期待我给他们带来惊喜。而他们爱死了《俄罗斯蛋轮盘赌》

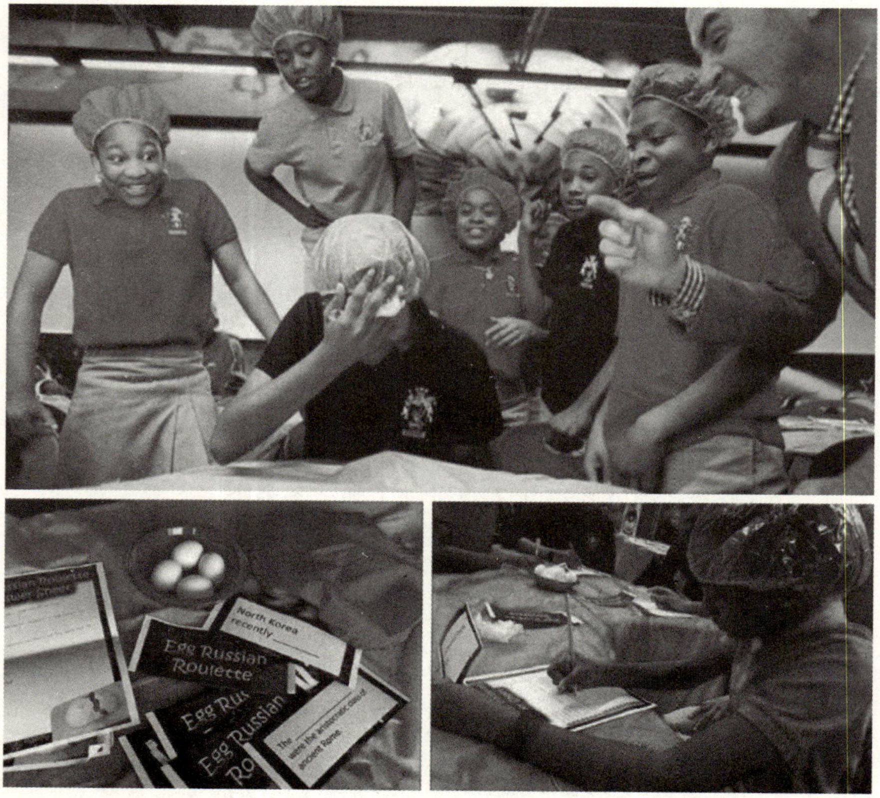

图为韦德的七年级学生正在社会学课上激烈地玩着《俄罗斯蛋轮盘赌》游戏。

这个游戏！孩子要像在“危险边缘”游戏中那样回答复习的问题，但是我增加了一条游戏规则，即，每当一个孩子拿到六分，他就可以从对方团队中指定一个人来选择一枚蛋并且开始赌局。本质上来说，我就是在骗学生尽快完成所有的复习内容，因为他们真的很想看到有人把生蛋敲到自己的额头上，而且他们在看到这搞笑的一幕之前还答对了六道题。当天的课堂上充满了欢乐又积极的学习气氛。

如果这些案例还是没能向你证明任何事情都可以成为你的独门秘籍，那么我们也不知道该怎么办了。当我们说你可以利用自己对任何事情的特殊兴趣和热情来作为教学的创新手段时，我们指的就是一切东西，包括你最喜欢的电影、电视剧或节目，甚至是体育运动。

霍普设计了以美国国家赛车联合会（National Association of Stock Car Auto Racing）的比赛为主题的单元教学。她设计了一系列如用气球来做汽车或乐高来搭建德比马赛等活动，来教授科学课程里关于力学和运动的标准化内容。这个以探索和实验为主题的课程，允许学生在用砂纸和锡纸等各类材料搭建的“测试赛道”上测试摩擦的效果。为了强化学生的语言技能，霍普还要求孩子去调研真实的全国运动汽车竞赛协会

霍普五年级的学生在科学课上测试他们的乐高赛车在摩擦轨道上的效果。

的车手以及他的基本资料。然后写一篇劝说性文章来向赞助商推介这个车手和他的团队。如果你碰巧也喜欢赛车，你可以借鉴霍普的这些想法，也可以基于这个主题设计空气动力学、代用燃料，或与速度和距离相关的数学问题等教学内容。你也可以创作一首晨间歌曲或早间呼吁和回应的口号，例如“发动你的汽车”等主题。你甚至可以把汽车和赛车主题运用到你的教室大改造上。

如果你喜欢真实的犯罪案例和类似《法律与秩序》等罪案型美剧，那么一次模拟审判就可以成为一个绝佳的教学辅助工具。你可以将这个想法运用到任何一个年级的教学中。你只需要将这个主题与自己教学的内容结合起来，并通过适合该年级学生的教学方式来传递审判流程相关的信息。但教学的目标并非模拟现实，而是创造一个学生可以自主分析和评价信息、培养聆听技能和增加公众演讲自信的学习体验和环境。

我们曾经利用模拟审判成功地将文学作品带进了现实生活。在中学阶段，我们曾利用学生们最喜欢的《哈利·波特》系列作为主题。我们把海格（霍格沃茨学院的看护人）告上了法庭，罪名是没能看守好魔法师的魔法石。我们的学生需要利用他们对小说故事情节的理解来确定谁有可能作为目击证人和辅助证据。每个学生都扮演了不同的角色：法官、原告律师和被告律师、目击证人和陪审团等。

到了高中阶段，你可以利用任何文学作品作为主题设置模拟法庭。在小学阶段，你可以从童话故事着手，例如《金发女孩和三只熊》（*Goldilokcs and the Three Bears*）。因为这个故事有很多不同的版本，你需要先选择一个版本，在课堂上跟孩子一起读完，然后讨论，最后再开始一个简化版的模拟审判。如果孩子年纪太小，无法即兴完成一次有效

图为霍普和韦德的六年级学生在英语语言文学和社会学课上正在进行哈利·波特模拟审判。

的审判，那么你可以尝试提供一个事先准备好的剧本。当金发女孩进入小熊的家里时，她有没有触犯法律？当她吃小熊的食物时，是不是可以认为是偷窃？

当你与学生建立更紧密的关系并且了解关于他们更多的信息之后，让你围绕学生的需求而不是自己的兴趣开展创新活动对你来说可以变得更真实而自然。你可以选择学生中正在流行的事物——书籍、电影、网游或歌曲等——然后稍加学习，并以选定的东西为主题规划课堂教学。例如，如果你发现孩子很喜欢社交媒体，那么你可以要求他们基于一个历史任务编辑一段140个词的推文或是编写一个故事发到Snapchat上。在我们撰写本书时，我们的学生疯狂地迷恋指尖陀螺，所以我们也想到了办法来将这些东西与我们的教学内容相结合。尽量将学生的兴趣爱好和教学内容相结合，这么做永远都不会出错。因为这么做让你可以接触到顶级玩具公司、游戏设计公司、音乐家、动画家和流行食品品牌商的绝妙创意。这些公司有时间和金钱来创造那些可以让孩子为之疯狂的东西——所以让我们偷一下懒，借鉴他们的创意用到我们的教学工作上来。

我们只不过提供了寥寥几个案例以期激发你的灵感，所以千万不要局限于我们所提供的想法！如果每一个学校的每位教师都可以在某种程度上借鉴真实的兴趣爱好，我们就能够培养出全面发展的优秀学生。孩子能够通过接触不同的环境、教学风格和内容传授的方法来获得诸多好处。所以请身为教师的你，一定要呈现真实的自我，但请尽力展示自己最优秀和最搞怪的一面。

第九章

创意之路离不开坚定的毅力

挡在前方的花岗岩，成为弱者前进道路上无法逾越的障碍，却成为强者前行的垫脚石。

——托马斯·卡莱尔（Thomas Carlyle）

❑ 第六步：跨越障碍并克服困难

只是看完这本书并不会让你成为一个创新天才。你必须有一个目标和一份决心，而且必须不断地反复练习创新实践。我们希望本书可以挑战你，因为挑战要求你采取行动，而行动将会引发变革——但所有这一切变化不会一夜之间就发生。这个过程更像是你下定决心长期在健身房锻炼，最后才能够练出你想要的八块腹肌。无论你多么热切地幻想，自己某天早上起来举了一个小时的铁块之后，（哗啦一下）你就得到了完美的曲线和肌肉，现实生活却正好相反。你可以坐着幻想这样完美身材的出现，也可以选择下定决心行动起来。在现实生活中，你可以选择沉浸在自己不切实际的幻想之中，也可以选择在行动中慢慢追求自己的理想。我们发自内心地相信生命中所有美好的事物都需要付出才可以收获。而这不仅仅意味着投入时间和实践，还意味着你需要忍耐和等候很长一段时间才有可能看到自己辛苦的付出所换来的回报！

你的创意之路是一个过程，也是一段旅程，这就意味着你在前行的过程中可能遭遇路障和困难。但是跟健身的旅程不同的是，创新之路允许你放开狂吃鸡翅和各种热巧克力圣代。所以尽情地吃那些冰激凌吧，无须担忧自己吃了多少杯——你可以把它当成驱动自己往下一阶段旅程进发的能量和动力，因为你需要做好准备培养自己的毅力和解决沿途各种障碍！

正如你的创新可能不同于我们的创意那样，你可能会遭遇与我们不同的困难。事实上，即便我们两人已经结婚了，同时也是彼此最好的朋友和最佳的工作拍档，我们在各自创新的道路上依然会遭遇不同的挑战。我们曾经挣扎着无法克服的某个困难可能对你来说可以轻松地跳过，因为你的背景和天分让你具备了轻松通过的能力。而其他的困难则可能要求你付出辛勤的汗水。你将会找到自己的办法来搞定、越过或避开这些困难。

你在创新道路上遭遇的所有障碍大致可以分为两个类型：体制方面的和个人方面的。

体制方面的障碍主要包括现代教育体系中所有备感挫折的教师普遍都会遭遇的问题，这些问题可能会逼得你想要一头撞墙。我们能够理解这种无奈的心情，因为我们也经历过同样的阶段。下面这个列表可能包括了你目前正在面临的体制性问题，但也可能没能完全涵盖：

- 预算短缺
- 标准化考试要求苛刻

- 规定的课程或教学标准比较死板
- 主管人员支持不足
- 家长的预期较高
- 同事筋疲力尽
- 超大班级规模和人数让人无法掌控

个人层面的障碍则包括所有这些“影响到了工作的人生问题”。人无完人，每个人都有自己的挣扎和困境。我们两个人都是内向型人格，而且都不是习惯早起的人——这就是我们会遭遇个人层面障碍的地方。我们每天早上起床后开始一天工作的方式完全不同，霍普会大声地说出自己脑子里的每一个想法。她会唠唠叨叨地说当天我们要完成的所有事项……或当月……或当年。韦德则喜欢早晨起来之后拥有一段安静的独处时间来静静地思考自己一天的行程。他可能要灌完一整杯咖啡之后才能够讲出一个完整的句子。我们早上会一起开车去学校，而有的时候，我们会在路上发生争执并开始吵架。（你能够想象每天都跟自己的伴侣一起通勤吗？这段相处的时光总是有好有坏，不是吗？）无论车里发生多么严重的争执，我们俩都必须想办法克服自己的负面情绪，因为我们不能将自己的问题带进教室。我们不能够把个人的问题或挣扎当成借口，让自己丧失当日的教学热情或放弃当天的教学计划。

还记得我们曾在本书第二章探讨过的“不能养成找借口的心态”吗？一个借口其实就是一个自我辩解的机制，是放弃的自我证明。这也是小丑牌在你的脑子里根植的一个错误认识，让你认为自己将一事无成。小丑牌不希望你能够跨过这些障碍，甚至不希望你可以悄悄地躲过去。它真心希望看到你卡在道路中央进退维谷。如果你听信了小丑牌的观念，并开始为自己不能做到某事而找借口，那么你将永远也没有能力在自己的课堂上创造魔法和奇迹。只有当你切换到不找借口的心态并真正专注于自己前方的道路——无论是坦途还是重重困难——魔法才会出现。

我们在自己的执教生涯中也跟你一样面临着很多类似的问题。我们也曾经历过那些感觉自己连维持呼吸都很困难的日子。而且我们也体验过身为教师你必须面对的一些让人灰心丧气的问题——教学区的强制要求、永远都不够用的教学经费、定死的课程和大纲等——但所有这些困难都是可以解决的，前提是我们要下定决心去挑战。你同样也可以战胜自己的障碍。这个过程可能并不轻松，但如果你可以直面这些障碍并想办法解决，你会发现胜利的终点就在前方，而你将收获全身心投入学习的学生作为回报。

❑ 搞定课程安排的挑战

我们在本书前文中已经讲过，但在这里我们想要再次强调：生活和教学工作的成功与否本质上取决于你如何打好手中拿到的牌面。没有人能够打败一个面带微笑、充满激情和热忱以及决心的人。而且没有任何一个地区教学督察员或学校的督导可以剥夺你做到前面四件事的权利。你的课堂就是你的舞台——那么你打算如何利用好这个舞台呢？

很多教师把课程安排当成一整套已经规定好的教学标准，并且坚定地认为它剥夺了教学所有的乐趣。或许你也有同感。或许你每天踏进校门的时候根本不想去上课，因为你很讨厌既定的课程安排。好吧，如果你的确讨厌手头的课程安排，你的学生肯定跟你一样也无比痛恨。如果你的课程安排对你来说是一个教学的阻碍，那么对你的学生来说就是一个学习的障碍。为什么在你可以选择成为学生手上的王牌时要选择成为他们前进的阻碍呢？你只需要打起精神，将手头的课程安排当成一个路障，你只需要找到绕开这个障碍的方法就能够获得成功。一开始步子不要迈得太大，循序渐进地从小处着手改变，并不断实践创新的方法来传授既定的教学内容。我们向你保证，随着你逐渐地进步，这个过程将会变得越来越轻松。

> 为什么你在可以选择成为学生手上的王牌时，要选择成为他们前进的阻碍呢？

韦德：我在上学的时候，数学能力简直差到令人发指。数学对我来说从来不是一门轻松的学科。但悲催的是，当我从汤维尔小学调到彭德尔顿学校之后，我被安排去教整个五年级所有的数学课程。天知道这是我最不想接触的课程了。与此同时，我也知道自己必须服从这个安排。我不得不出现在课堂上，并为那些还在纠结于四年级数学课程内容的孩子教授五年级的数学内容。

也正是在这一年，我开始带着自己的吉他到学校，开始写歌，开始设计竞赛性游戏并实践各种可以提升学生课堂参与度的方法。我的学生特别喜欢看迪士尼频道的节目，所以我也会定时收看，这样才可以了解学生的喜好。[我甚至曾经一坐好几个小时看完了好几季的《汉娜·蒙塔娜》（*Hannah Montana*），腿上还放着笔记本，准备随时做笔记。]

我在看剧的过程中仔细地寻找一切可以跟数学技能关联起来的内容或细节，幸运的是，我找到了很多可用的东西。在课堂上，我跟学生们一起玩了《人类战舰》游戏来学习如何掌握有序对偶。我们通过歌曲来掌握运行时间和三角形的不同类型。我甚至把火星哥《亿万富翁》（*Billionaire*）这首歌的歌词改成了："我想要命名我的三角形，啊，多么急切的心情。没错，钝角和锐角就是我想出来的名字……"然后弹着吉他跟学生一起唱。

等考试成绩公布，我的学生考出了整个南卡罗来纳州最好的几个成绩：在年级水平评价中，整个五年级有94%的学生——包括那些拿贫困资助的学生——都达到了"合格"或"良好"的水平。而取得这一切成果并不是因为我是一个特别擅长数学的老师，而是应该感谢我教授所有这些数学内容的方式。我知道这些孩子需要什么，因为我自己也曾经是一个数学成绩不好的学生。我教授这些内容的方式让学生能够真正熟练地掌握这些数学概念，而这是我在他们这个年纪没做到的。我每年都沿用了这样的教学模式，而学生的考试成绩也总是高于整个教学地区的其他学生。

霍普：有些时候，对教学内容充满热情是一件很容易的事情，但有时候却很难。有一年，我需要花一周的时间教完全部的36个希腊和拉丁词根。在这个过程中，我需要处理好自己的各种怨气、哀叹、嗟叹和埋怨……我最讨厌教词汇！而且老实说，大部分的学生也不是很喜欢学习词汇（虽然有那么几个沉迷词汇的学生；因为词汇对于他们来说就像是谜语，他们喜欢找出谜底）。我想要找到办法让词汇的学习变得有趣，因为我知道这就是我需要想办法骗学生爱上学习的几个内容之一。

为了让课堂充满活力，我把整个教室变成了一场巨型的“身体扭扭扭”游戏。我把所有的桌子和椅子都搬出教室，把所有希腊和拉丁词根都打印到彩色纸片上，然后用双面胶把它们都粘到地板上。我会转动轮盘然后说，“右手边，空格”！然后学生就要根据这个线索找出匹配的前缀和后缀。（当然，我在课堂上也执行了本书第八章提到的严格教学规则。一定要牢记，不需要轮流也不需要出局，所有的学生都要参与回答每个问题。摔倒的学生会移到一旁，但是他们需要用马克笔把自己的答案写到飞盘上。）

我同时还要求学生选出一个希腊或拉丁词根，然后把它变成一个超级英雄。如果前缀是“auqa”，他们可以根据这个词素造出“aqucman”（水行侠）这个词。然后他们要写出一个谜语并为自己的英雄设计合适的服装。最后，学生会给全部的希腊和拉丁词根创建视觉的形象，而这些形象会在他们的记忆中留存很长时间，这是单纯的死记硬背做不到的。当然，我也可以选择让自己轻松一点，给学生们一沓教案然后告诉他们：“好了，我已经把所有必须学的

图为霍普五年级的学生在玩希腊和拉丁词根“身体扭扭扭”游戏。

内容都发给你们了。”但是这么做不能创造一个让学生真正记住教学内容的学习体验。

永远也不要因为那些只存在于你想象中的阻碍而停下脚步。我们一次又一次地收到来自其他教师的评论，他们在我们博客或YouTube频道上看完更新后的某节创意课程或某个创新课堂活动的操作之后，会这样写：“真希望我的教学督导也可以让我尝试类似的做法。”我们对类似的表述不会报以同情。如果你也说了类似的话，那么请你反思一下，所有这些做法真的在你现实的教学工作中被禁止了吗？因为我们觉得这不过是一个不愿尝试的借口罢了！毕竟，指责他人和推卸责任总是比自己承担风险要轻松得多。问问自己是否积极地实践了自己创新的能力并且通过展示实际的成果来赢得主管或上司的认可。

我们一直强调刚开始要循序渐进从小处着手，这样做的原因就是，你可以充分地将自己的创新教学方法与课堂纪律和要求结合起来。你首先要证明自己正在开展的尝试能够奏效，然后才可以继续到下个阶段。如果你的学生考试成绩非常糟糕，而你却试图来一次华丽的教室大改造，你的教学主管肯定会认为这不过是哗众取宠的小把戏。

你要面对的现实可能是，你需要花上一整年的苦工来打下坚实的基础，之后才能够开始创新。所谓的坚实基础，我们指的是，首先要表达对教学主管工作的支持（这包括不要八卦或在管理层的背后抱怨）以及跟自己的学生一起努力来获得优秀的结果——换句话说，就是一起提高考试的成绩。如果你的教学主管不反对在课堂上运用音乐和歌曲，那么可以从这里着手并改写那些可以让你的教学内容更令人印象深刻的歌词。如果你的教学主管不反对游戏，那么可以利用游戏来进行教学内容的复习（但是在这个过程中，不要忘了坚持严谨的教学规矩）。你需要通过学生的成绩和表现来证明自己。一旦你可以展示优异的成绩和结果，你很容易就会得到教学主管的支持。

❑ 击溃标准考试相关的问题

在本书第六章，我们曾要求你反思自己对于标准考试的态度。很多教师将这些考试看成障碍，并表示他们浪费了太多宝贵的教学时间来帮助学生复习考试内容。其他教师则抗议自己学生的表现和成绩被评价的方式。但鉴于你现在要秉持一种“不找借口”的工作心态，你可以换个角度把标准考试看成一个挑战——而不是一种定义了你、你的学生或统治了你的课堂文化的机制。那么你要如何应对这个挑战呢？当然是要通过提升学生课堂学习的参与度！

如果你习惯于在每一场考试之前花上一整个礼拜的时间来填鸭式地让学生通过复习掌握考试内容，那么你当然会感到不堪重负。（而且你很有可能会把这种压力传染给学生。）但是如果你在整个学年可以很好地规划教学时间，并且能够让学生高度参与和专注于学习，你自己也可以迅速而高效地完成所有的教学内容，那么所有这些让学生感到压力山大却不得不临时抱佛脚的复习都可以成为历史！

霍普：还记得我在前文讲过的一个故事吗？我把整个教室变成了一片海滩，让我的学生可以有个感官的体验。那一次的教室大改造实际上距离年终的标准考试不足三天。这不是开玩笑的。我把所有的桌子和椅子都搬出教室。我在地板上铺上了蓝色防水布充当海洋，另外还铺上棕褐色的画布充当海滩。

我装了很多桶沙子过来。我设置了低矮的沙滩椅和太阳伞，配备了彩色的大浴巾，还加上了纸风车、沙滩球和棕榈树的海报，播放了海滩的音效和动感的沙滩音乐。我甚至还给每个孩子发了一个花环去戴。我的一些同事觉得

图为霍普在南卡罗来纳州的州级考试前开展的“减压”教室大改造。

我疯了。在他们承受着巨大压力疯狂地带着学生复习，不停地发出一沓又一沓的试卷来测试整个学年教过的所有技能和概念时，我带着学生玩起了沙滩一日游。但是与此同时，学生也能够在不同的复习板块中，每个板块花上十五分钟进行复习。他们就像是安静又勤劳的小工蜂，埋头投入复习。学生没有感受到太大压力，因为身为教师的我没有觉得有压力。因为我在整个学年的教学过程中都在引导学生为这场即将到来的考试学习和复习，而不是抓住最后几天疯狂地强制学生死记硬背地复习到最后一秒。我的学生都能够牢牢记住他们学过的所有知识，因为在整个学年的教学过程中，他们体验了一系列印象深刻的学习经验（因此到了考试的时候，96%的学生满足了所有知识领域的所有考核标准）。而这就是专注性学习的神奇之处。

韦德：我在高中和大学期间都是运动员，而这种竞争性的思维模式也被我带进了日常的教学工作。我把整个学年当成为了一场盛大比赛而进行准备和训练的过程。每一次课程和每一个课堂都是一次常规训练，都是一次备赛活动。而备赛训练都应该比实际比赛要更难，要求更高。只有这样，到了比赛的时候，比赛才会成为一场庆祝胜利的活动。到时候会有仪仗队、啦啦队和大声公放的《我们就是冠军》作为背景音乐。我希望我的学生能够把考试当天看成这样一场比赛。于是我表达了这个概念，孩子都接受了。“现在就是你们下场去打败对手的时刻了。”我们在考试开始前会一起唱所有的教学内容改编歌曲。我甚至还会给学生们看雷·刘易斯和拳王阿里的比赛视频。我们在南卡罗来纳州的一位教学督导，布莱克先生，会以切实的行动来支持我这个把考试当成比赛日的思维模式。他会邀请社区的成员来到学校，在走廊上站成排；然后在学生排队填写资料等着进入考试教室的时候，给孩子加油打气，还跟他们击掌。这让孩子士气高涨并且让他们对自己的成绩感到骄傲。所以说，考试心态很重要。它会对学生的成绩产生巨大影响。作为教师，我们需要以身作则，向学生展示这种必赢的心态。

考试心态很重要。

如果你发现自己存在这样的心态，即“学生成绩很低，是因为我今年碰巧带了底子很差的学生”，那么你可能需要认真回顾并反思一下自己过去一整年的教学工作效果。你是否付出了100%的心血？你的学生是否100%地投入学习了？他们是发自内心地想要学习吗？作为教师，你就像是一个田径队的教练。你需要尽可能地训练学生，发掘他们的潜力并把他们带到比赛的赛道前，然后祈祷他们能够竭尽全力地跑完全程，不留任何余力或遗憾。一旦你在面对上级要求必须开展的教学评估和测试时建立这种心态，那么你不仅会拓展自己的能力，还很可能会发现学生的考试成绩——乃至学生自身的能力和素质——都能获得出乎你意料之外的长进。

❑ 打破有限预算的限制

不知情的人往往会觉得我们有很多钱来支撑我们的创意活动，或我们的学校会给我们报销所有的开支。这种猜测简直错得离谱！我们很幸运遇到了支持我们工作的上级，如果可能，他们会倾尽全力来协助我们的工作。但是经费不会从天而降。跟你和其他地区的所有教师一样，我们需要自掏腰包来负担所有创新活动需要的设备和材料。还记得我们在本书第八章提到的那个《俄罗斯蛋轮盘赌》游戏吗？韦德在早上去学校的路上顺带买了那些鸡蛋。而韦德装在教室里头的那套架子鼓呢？他一有了把架子鼓作为提升学生学习参与度的教学辅助手段的想法，就开始走街串巷地去找可以便宜买到设备的地方。到了最后，他才终于找到一个二手的架子鼓，并且前一任主人愿意低价转让给他。而霍普的教室大改造一般都用便宜的素材进行。她会在一元店和二手店购买、租借或在架子上爬上爬下地找最实惠的材料，直到店铺打烊。

不要把经费当成不做事的借口。你需要接受经费不足这个挑战。永远不要因此而局限了自己的创意。你需要想方设法把所有“不可能”的任务都变成现实。而当你成功做到之后，你不仅会收获好心情，你的创新能力还将蓬勃发展。用最简便的材料和最低的成本做事是可行的，因为孩子不会关注到那些不够完美的小细节，他们也不会认为你的设计有缺憾。你永远也不会听到学生抱怨说：“这个教室大改造其实可以变得更好的，只要老师买了……”孩子只需要你做一些不同寻常的东西，就足以吸引他们的注意力。

你需要接受经费不足这个挑战。永远不要因此而局限了自己的创意。你需要想方设法把所有“不可能”的任务都变成现实。

霍普：你可以觉得我是个疯子，但我就是那种不会因为缺钱这种小事而放弃我创新教学方式的人！我曾经做过一个叫作“化学家的狂欢节”的教室大改造，人们觉得这样的设计肯定会超级昂贵，实际上你只需要花很少的钱，但需要花很多时间提前规划和设计。（我把这种心态称为

“不成功不罢休”。）那是一门科学课，学生要学会观察和确定物质的物理和化学变化。我要求学生在四个不同的工作站进行科学研究，分别是：棉花糖研究站、雪玉米生产站、爆米花生产机和一个漏斗蛋糕油炸锅——**都是为了当天下午的实验而临时租借的**。（毋庸置疑，孩子下午来到教室的时候整个都疯掉了）所以不要拿预算做借口，你完全可以利用求来的或借来的材料做创新活动。千万不要不好意思开口，你会很惊喜地发现借东西没有那么困难。

除了租借，我也买了一些素材（比如红白格子相间的桌布）来装饰狂欢节的教室。这些材料来自一个聚会专用品商店，但一般情况下我都会在二手店和一元店采购。而且你一定要记住，我开展类似的教室大改造活动已经有十来年了，所以我也发掘了一些购物的好渠道——一点一点地四处攒积资源！有的时候，我也会买一些比较贵的材料，前提是这些材料可以循环利用到其他的课程和主题的教室大改造上。例如，我曾经买过一卷很贵的人造草皮，后来在一年内反复使用了好几次，所以这笔投资还是很划算的。

我还想要提醒的是，我早期的一些教室大改造并不如现在的活动那样具备很多细节——但当时学生的体验和收获并不比现在少。当我还在彭德尔顿学校执教的时候，我曾经为三年级的学生开了一个“幸运标点小饼干”的教室大改造活动，当时我用到的全部材料不过是绿色的塑料桌布和一些手写的标识。我尽可能地让学生相信爱尔兰的矮

霍普把五年级的科学课教室改造成了“化学家的狂欢节”。

霍普五年级的学生正在“化学家的狂欢节”试验中品尝产出物的味道。

妖精来到了我们的教室，来检查他们是不是掌握了所有的标点技能，而学生竟然也能够全身心地专注于学习。

所以，创新活动的启动并没有你想象的那么昂贵。你只要开始尝试就好了！如果你有一个很棒的创意，你需要列出一张预算最低的必备物品清单，然后想办法弄到清单上所有的东西。你可以先翻箱倒柜找找家里可用的东西，也可以问邻居和朋友手上是否有你需要的东西。你还可以将自己需要的物品清单发布到社交平台上。如果你有朋友是漫画家，那么可以请他帮忙制作标识、游戏卡或海报等。你还可以打电话给当地的公司或企业，向他们解释一下你的项目，并询问他们是否愿意捐赠或租借相关素材。当你试图为自己的学生创造奇迹时，你会惊奇地发现很多人愿意热心地帮忙。

❑ 通过自我认识来解决个人的困境和问题

我们很难就你的个人困难或问题提供任何有效的解决方案，因为每一位阅读本书的人都可能会遭遇不同的困境或挣扎。体制层面的问题或障碍往往都是不作为的借口，但个人的困难却不同，因为你作为独立的个体可能会遭遇切实的困难。你没办法回到过去改变自己的过往，所以很多时候，你没办法改变自己天生的性格特质。我们曾在前文中提到过，我们俩都是内向的人，而这种性格特质影响了我们做的每一件事。但我们俩甚至不是同一个类型的内向型人格——因为我们其中一个人比另外一个人更外向和喜欢社交。我们可能会连续好多天跟自己内心的挣扎做斗争，有的时候是因为我们某个人极度缺乏自信；有的时候是因为某个人非常散漫而无逻辑；有的时候因为需要干洗的衣服在家里堆得老高还没人做，有的时候我们甚至需要一次性在洗衣房连续洗十六缸衣服才算搞完这件事。

在第八章里，我们曾谈到不要拿自己在创新方面的尝试和努力跟其他人对比。同样的道理适用于你的个人性格和本质。正如作家安妮·拉莫特曾经说过的那样，“永远不要拿自己的内在跟他人的外在去作比较”。你可能会看着某个人然后觉得他们过得很成功，但事实上那个被你羡慕的人可能自己觉得生活已经支离破碎，内心充满了恐惧而不得不假装自己过得很好，直到自己最后获得成功。

霍普：我总是觉得自己必须擅长所有的事情。我会努力尝试成为完美的教师、完美的朋友、完美的女儿、完美的职场女性和完美的妻子。人们甚至会跟我说，他们很羡慕我拥有“完美的人生”。但是他们不知道，当时我为自己设定的这些不切实际的期望让我付出了多么沉重的代价：我患上了严重的惊慌恐惧症。大多数时候我都表现得无比正常。但有的时候我整日都在恐慌中煎熬。

我花了很长时间才意识到，自己的惊慌恐惧症的根源是自己的完美主义。自此之后，我不得不意识到自己永远都无法做到完美，而这也很正常。我永远也不会成为完美的老师。那些在Instagram上发布的推文不过是最精彩瞬间的记录和回顾！我要面对这个残酷的事实！我也永远都不会是完美的妻子。你们知道吗？我甚至连烧开水都不会。我也不会是最完美的朋友。在我坐在电脑前打出这段话时，我的手机上有265条未回复的信息。但是我学到的经验教训就是，人生的意义不在于追求完美，而在于你如何接纳自己的不完美；在于你如何处理所有内心的挣扎和外在的困境。现在，我已经不再追求完美的境界，而是尽力让自己每一天都变得更好一点。这才是现实的目标；这才能够实现发展；这才是健康的心态。多年的挣扎让我意识到，如果我不能够照顾好自己，我也不可能成为对学生有益的好老师。所以，如果你面临类似的困境，抛掉自己内心追求完美的想法，像我一样树立一个成长的心态吧。

在创新的道路上，拿自己跟别人对比可能会导致你产生本不存在的忌妒情绪或追求完美的心态——而这两种情绪都只会成为创新道路的拦路虎。在《以艺术家的方式工作》一书中，朱莉亚·卡梅隆给出了中肯的建议。她表示：完美主义并不是追求事物的正确，而是拒绝让自己更进一步。她写道："完美主义并不意味着你追求最好的东西，而是揪着我们自身最糟糕的一面不肯放手，因为这些缺陷会一直提醒我们，我们永远都不能变得足够好——于是我们就不停地尝试。"如果你也存在完美主义倾向，问问自己谁将会从你这种对完美结果的痴迷中受益。我们已经在前文中提过，孩子根本不在乎你的课堂材料是否完美；他们甚至都不会关注到这些细节。如果你陷入了对完美细节的盲目追求，你永远都不会成为一个创造惊喜的大师。

忌妒情绪也会导致同样的后果。你可能会看到走廊上另外一位老师做得很棒，然后感到一阵忌妒涌上心头。如果你不能立刻将这种不良情绪扼杀在萌芽阶段，那么它将让你的创新实践付诸东流。卡梅隆曾写道：忌妒是恐惧的面具。当你对另外一位老师产生忌妒，问问自己这是否是因为他/她尝试或实践了一些你自己没有勇气去挑战的东西。一定要牢记你有自己与众不同的创新道路，这条路只能是你个人独有。然后鼓起勇气坚持不懈地继续尝试一些全新的实践。

你有时或许会感到自己的勇气和自信都不充足。当你试图拓展自己和尝试新的做法，感到紧张不安是常事。就好像你正在穿越万圣节的一间鬼屋——你不会害怕那些妖魔鬼怪，因为你知道他们都是活生生的人扮演的。但你仍然感到“恐惧”，因为你不知道转角会遇到什么，也不知道这些妖魔鬼怪会不会抓住你。这是你对未知将来的恐惧。当你在课堂上尝试全新的做法时，你也会产生同样的心路历程。你之所以会产生紧张和不安，是因为这是全新的实践，你不知道结果时好时坏。但是，一旦你经历过两三次这种提心吊胆的紧张之后，你就会达到一个新的境界，开始期待这种感觉并能够将其视为创新过程必不可少的环节。

韦德：我总是会跟自己的运动员说，感到紧张说明你全身心地投入了。这种焦虑意味着你不遗余力地尝试了。如果你不在乎自己的表现，你根本就不会感到紧张。在我每次能加摔跤比赛上场之前，我的心脏都会因为紧张而怦怦直跳。实话说，不管在学校上哪一门课，每次上课前我都会感到有点紧张，从周一到周五都是这样。因为我每天的一言一行要直接影响到三十个活生生的人。当我站在讲台上开口讲话时，我觉得他们把自己的命运交到了我的手中。我正在塑造他们的未来。我可能正在培养未来的国家领导人。我认为，如果你在重复教授早已熟练于心的教学内容时没有一丁点儿紧张情绪，那么你并没有认真地反思自己的工作到底有多么重要。每次上课前你都应该感觉到轻微的紧张。

你目前遭遇的最严重困难是什么？你将如何解决这些问题？正如我们在前文第六章中所说的那样，你可能需要经历很长时间的反思和反省才能够规划出自己的创新路径。如果你能够真实地反馈和评估自己和当前所遭遇的阻碍以及自己的挣扎和纠结，这就是往前进方向迈出的第一步。你所遭遇的所有障碍都是通过正确的努力可以解决的。所以不要轻易放弃！一定要砥砺前行！但是也不要忘了偶尔停下来看看旅途的风景。因为你正在一条创造奇迹的道路上前行，你正在成为学生生命中那张最至关重要的百搭王牌，所以不要忘了欣赏这个过程！

第十章

坚持不懈完善自我

人生有涯，而学无涯。所以你得不断学习，不断进步。

——康纳德·霍尔（Conrad Hall）

❑ 第七步：坚持不懈地努力，不断完善自我的创新能力

亚当·彼得森（Adam Peterson）是一位充满激情的教育工作者，他在伊利诺伊州教幼儿园。他在社交媒体上十分活跃，并且从未停止对学生参与度的更高追求。他总在自己的课堂上弹原声吉他，但在观摩了韦德在亚特兰大的课堂教学之后，亚当决定让自己的教学活动更上一层楼。他在自己的视频博客上充满激情地解释了他是如何在观摩了韦德的摇滚学院主题课堂之后受到了激励和启发。他发现自己家里有很多类似的设备，包括麦克风、扩音器和音乐LED灯，这对于亚当来说就是灵光一闪的时刻，这种感觉你应该了解的，就是这种脑子里一旦产生了某种想法就萦绕不去的感觉。“如果我不去做DJ或自己玩音乐，这些东西都堆在车库积满灰尘，”亚当说，“为什么？我花了那么多钱买下这些设备，为什么要把它们放在车库积灰尘？”

接下来的故事就很好猜啦！亚当把大部分音乐设备都搬到了教室，然后装上扩音器和麦克风，把自己的吉他插上电。“老实说，我的原声吉他每次都能够让孩子站起来跟着音乐舞动，他们跟着音乐玩得很开心。”他在自己的视频博客上写道，“把这个吉他插上电，用麦克风演奏，就好像弹奏了一种全新的乐器。孩子更喜欢这个设计了。”如果这些描述还不足以证明课堂的效果，你可以看看视频里的孩子处于怎样的状态。贝斯声轰鸣着，彩色的灯光跟着音乐的节奏变幻，而每个人都在放松地舞蹈。

你能看到亚当在这里做了什么吗？他创造了奇迹。他简单地调整了一些东西的摆设，就给学生创造了一个全新的体验。但更重要的是，他找到了办法来提升自己的创意投入并拓展了个人兴趣爱好的用途，最终实现了音乐和原声吉他的全新用处。

创新并不是一片平原，它不会给你提供一个终点，只要你抵达了就可以安然地停留在原地。一旦你开始感觉舒适，这就意味着你已经止步不前。这个结论听起来或许很伤人，但它是一个事实。我们的亲身经历已经论证了这一点。

> 一旦你开始感觉舒适，这就意味着你已经止步不前。

我们在彭德尔顿小学实现了自己的创意突破。每一天，当我们走进教室的时候，我们都享受给那些满怀期待来到教室的孩子上课的过程。我们能够利用个人的兴趣和长处来激励学生的课堂参与度；建立与学生、学生家长以及社区的良好关系。我们施行的教学创新取得了卓越的成果，主要体现在学生优秀的考试成绩上。后来，我们搬到了亚特兰大并执教于罗恩·克拉克学校，这迫使我们跳出了自己的舒适区。我们有好几个月都觉得很恐慌，也对自己没有自信。我们需要克服全新的阻碍并迎接挑战。但最终，我们站在今天的成就之上回顾这一段岁月会发现，这是我们获得职业和个人飞速发展的一个时期，也是我们真正学会将学生的课堂参与度再次提高到一个全新水平的时期。

❑ 尝试个人兴趣领域之外的事物

当你成功地体验过创新突破之后，你将需要保持这种自我拓展和发展的状态，因为每一年你都会接触到不同的班级和学生。这不仅是因为你的学生群体变了，还因为那些会对孩子产生影响的东西——例如媒体、科技、流行文化等——也在不断地变化和发展。因此，你不一定能够重复自己成功的实践，并获得同样的好效果。你总是需要一只脚踩在舒适区外面，时刻向外延伸自己的领域。有的时候，你可能每年都有一种从头再来的感觉。

打破僵化最简单的办法就是基于自己成功的经验继续发展。我们在本书第七章中略有涉及，谈到了如何通过添加与内容相关的新元素和教学手段将创新课程的规划升级。站在成功经验的肩膀上继续努力来扩展和尝试更具挑战性的东西会让你的成功率变得更高。但是到了某个阶段——等你真正达到那个阶段的时候，你会本能地知道——你需要尝试一些超出个人兴趣领域的东西，甚至是一些超出你当前舒适区的东西。我们告诉参加了工作坊的诸位教师，请他们一定要养成随时随地观察的习惯，养成不管看到什么事情，都能够以我怎么可以利用它来激励学生课堂参与度的心态去分析和理解的习惯。这就是亚当会想到在他当前的音乐活动中再加上扩音器和音乐动感灯光的原因。这也是韦德在看晚间电视节目时能够想到把俄罗斯蛋轮盘运用到课堂上的原因。这也是为什么霍普能够确定让孩子自己制作黏土就能够让科学课变得生动且有活力的原因。当你能够带着创新的放大镜去充分发挥个人的观察能力，你就能够在意想不到的地方找到灵感和创意。

在你不断发掘个人的天分和兴趣的同时，尽量去学习他人的天分和兴趣。你的同事设计的哪些活动是你也可以尝试的？你是否可以跟某些人搭档创新呢？音乐可能从来都不是你的菜，但你真的很难躲开音乐这个主题，因为孩子真的喜欢音乐。不会唱歌，没办法边弹吉他边在教室里走来走去也没关系，这并不妨碍你改编现成的流行歌曲。你可能也不是很擅长歌词改编，这也没所谓。因为重点不在于你是否真的擅长某件事情，而是你如何让它为己所用。

❑ 跳出课堂，创建一个课外活动俱乐部

作为教育工作者，你实现各方面成长和发展的机会并不局限于学术内容相关的活动。课外活动也可以成为建立良好师生关系和锻炼个人创新能力的机会。我们还在彭德尔顿小学任教时就发现，如果想要把整个学校都变成一个能够创造奇迹的学习环境，我们就不能把自己与学生的互动局限在课堂上。我们需要想办法更多地接触学生，让他们每一天都带着一个目标来上学。但现实情况远比想象得更糟糕。因为我们很多学生都是挂钥匙儿童（父母不在家也没时间管的家庭），他们在放学后也

不会有任何目标。他们总是会惹上麻烦，而我们也经常听到学生被停课或是开除！于是，我们决定每周两天开展课后活动，让孩子有正能量的事情可做。

韦德：在彭德尔顿小学，男孩子都很热爱运动，而且他们很喜欢打架。他们总会在校车上就打起来，这也成为学校最头痛的行为问题。于是我对他们说，“好吧，你们想打架对吧？那我教你们怎么有规矩有尊严地打架好了”。于是，我就在小学阶段开了摔跤课。摔跤是我的另一大兴趣爱好。因为身高不够，我从来没能去打棒球赛，所以整个大学时期我的主营运动就是摔跤。当我还在彭德尔顿小学执教时，我还同时担任社区高中的摔跤队教练。幸运的是，社区很支持我的工作，我很轻松就拿到了开启一个全新的运动项目所需的全部批准和审核。当孩子听说放学后会有一个摔跤俱乐部，他们就跟中了彩票似的欣喜若狂。他们兴奋得简直要疯了。这是一个自愿型项目，不收取任何费用，而且课程负担很重。我请高中阶段的摔跤学员来帮忙搬运一些比较重的设备，比如摔跤垫等，而他们也很乐意帮忙——这个小型的课后俱乐部也顺便帮助另外一个阶段的学生找到了放学后的目标。

霍普：在彭德尔顿小学创建课后俱乐部这一方面，我只比韦德晚了两步。我首先问自己，好吧，女孩子喜欢什么呢？嗯，她们喜欢跳舞。幼儿园阶段的小女孩已经会扭着屁股跳舞，或者跳贴身舞，或是跳出那些你认为最不应该出现在孩子身上的舞步，因为这都是模仿成人的示范。但是我看到她们的舞姿会想，如果这样能够激发她们的学习热情，那就把这个内容加到我们的学习环境中来。有的时候，你真的需要大开脑洞才能够帮助孩子们找到目标。于是我创建了一个女子踢踏舞队——尽管我自己不会跳踢踏舞，甚至不会跳任何舞。我在YouTube网站上找到视频，跟着自学了一些基本的踢踏舞步，然后请一个在大学里跳踢踏舞的朋友帮忙。后来她提出来俱乐部帮忙指导。

虽然我跟孩子说，踢踏舞俱乐部是他们可以课后玩耍的活动，但事实上韦德跟我都希望我们的努力不只是能够给孩子们带来欢乐。踢踏舞俱乐部的活动会在放学后举行，持续九十分钟。但我会利用前面的二十分钟来教孩子一些礼仪常识和社交规范，例如在交谈过程中如何保持眼神接触；如何有礼貌地讲话；如何表达你对他人的尊重；等等。我们甚至还学习了如何安排就餐座位和摆放餐具，因为孩子没有在家里学会这些常识。而韦德也在男孩子身上做了同样的活动安排……

韦德：……其实我教的东西严格来说不算是社交礼仪；更像是如何做一个男人。我希望能够向学生们展示如何成长为一名值得尊重的年轻人；如何站出来给他人提供帮助；

如何为他人开门；甚至是轮胎漏气时要怎么办等。我们甚至可以看到男孩子在学校给女士开门。我们告诉学生，所有这些俱乐部活动和各种兴趣爱好团队都是为了提升学校的整体素质。而最后这些活动反而成为彭德尔顿对学生们产生最大影响和改变的活动。我们不再看到孩子在校车上打架或是被课后留堂。

霍普：我有的时候会在教学楼的走廊上来回走，从教室的窗户看看学生在做什么。如果有参加了踢踏舞俱乐部的女孩子看到我在偷瞄，她会立马坐得更直并特别注意自己的表现。他们会在乎我的看法因为我有充分的理由评判她们。我跟她们建立了紧密的师生关系。更重要的是，她们在我这里找到了生活的意义和归属感。她们找到了能够为自己的学校感到骄傲的理由。也就是在此时，我才终于明白了课堂教师和学校教师两者之间的差别——因为只有后者能够在四面围墙的教室之外继续创造奇迹。

韦德：我们现在依然尽力在帮助学生们寻找来上学的目标和意义。这就是为什么我会在课堂上设置一个课堂鼓手的职位——为了给这个孩子一个理由来上我的课并建立与他/她之间的联系。我在课后也会给一些孩子上音乐课。我基本上就是在课后开了自己专属的摇滚音乐学校！每当学校有来自其他地方的教育工作者前来进修，孩子跟我都会在每周五为他们演奏。每周五固定的摇滚音乐会也成为了校园文化的一部分，就好像我们在彭德尔顿小学的课后俱乐部那样。

我们开展的小型课后俱乐部实践取得了令人满意的结果，甚至有一个俱乐部的规模扩大到了社区里。当我们刚开始在彭德尔顿小学任教时，家长们很少过问或参与学校事务。家长座谈会的出席率很低，学校Facebook主页上也没有太多家长的评论或互动。然后，我们就想到了一个主意，要搞一次宣传课后俱乐部体育运动的宣传会。我们把这个活动放在了周五晚上，并决定要为男孩子举办一次摔跤比赛，而女孩子的踢踏舞队将在比赛过程中表现几次团队舞蹈。到了活动当晚，学校的体育馆座无虚席，甚至各个角落都站满了观众。学生家长可能不确定自己要怎样才能够参与孩子的学习生活，但他们显然对社区和学校的体育活动充满了热情。这从路那边的克里姆森·泰戈尔（Clemson Tiger）足球体育馆的爆满程度就能看出来。一旦我们可以让学生家长们参与到孩子的体育项目中来，我们就能够鼓励他们更多地参与学习活动，并提升家长见面会出席率。家长找到了参与学校事务的目标和理由——因此，这个小学阶段的体育俱乐部在我们俩离开南卡罗来纳州之后依然继续开展。每年一度的晚间体育盛会搬到了空间更大的高中体育馆，以确保能够容纳数百位家长和来到现场支持孩子比赛和表演的其他家庭成员。

这就是与学生建立人际关系的好处：当你们的师生关系越紧密，你们之间相互影响的作用就越大。

❑ 激励自己的同事，注重团队的力量

创造教学奇迹需要团队作战。你的团队越壮大，你就能够创造越多的奇迹。你可以从自己的课堂开始，与学生建立强有力的关系。这些关系将会成为你开展激励课堂参与度活动的坚实基础。但你同时也可以走出自己的课堂，让你的同事也加入你的创新活动中来。

想办法让你的同事知道他们对你来说很重要，无论是个人生活方面还是职业发展方面。想要加强与同事之间的关系其实可以很简单，你只要记得关心他们的家庭或宠物，并表现出对他们作为个体的真切兴趣即可。更好的做法是，给自己定一个目标：每个月都要向一位不同的同事做出表达善意的举动。你可以帮忙接手她/他的午餐教室或操场活动的工作，或给她/他捎带一份健康的点心，或找出一个值得夸赞的优点并表达你的欣赏，或买一箱瓶装水放到休息室，等等。

在这个过程中，一定要牢记我们在前文提过的：微笑、热情和激情三原则。问问自己，你是否对自己的同事也同样做到了这些对学生所做的事情，即面带微笑、带着激情做事并表达出自己的热忱，而且不是偶尔，是持续性的？在学期刚刚开始时要做到这些并不难，毕竟所有人都还处于兴奋和充满干劲的状态，但如果到了每个人都感到精疲力竭的期中阶段或每个人都厌烦了冬天寒冷气氛的期末阶段，你还能继续坚持吗？如果你能够想办法激励自己的同事并处理我们在教育中常见的一些负面事情，你就找到了激励参与度的另外一个方法。毕竟，群策群力，梦想就很容易实现了。

在你可以更轻松简单地实施创新之后，记得拉同事一把。你可以邀

请另一位老师来跟你合作上课，或把自己制作的材料借给同事。我们曾邀请教科学课的同事丹尼尔·汤普森来使用我们做的《超级马里奥兄弟》主题教室大改造，他特别喜欢这个创意。当我们不用这个教室的时候，他会在里面给七年级的学生上科学课。他自己并不打算独立做教室大改造，但现在他很乐意帮助我们一起完成教室大改造。

有的时候，让其他人加入团队最简单的方法就是请他们帮忙。事实上，你可能根本不需要任何帮助，但当你提出请求时，你就给了对方一个目标和目的。他们能够借此了解到你正在做什么，兴趣也被激发起来，不久之后，他们就会对你的创新项目产生一种主人翁意识。他们将看到其中的价值，并产生一种团队归属感。还记得我们在前文中说过你需要不断添加更多的联系来强化关系吗？没有人希望自己是团队的短板。所以，激励自己的同事关乎团队整体的表现，需要所有教育工作者团结起来，一起创造一种更有利于学生发展的教学文化。

当你提出帮忙需求时，你就给了对方一个目标和目的。

你可以通过很多办法来向你的专任教师同事证明所有人都属于一个团队。我们最近在位于内华达州的维多利亚·费蒂塔中学看到了一个成功的案例。学校的校长嘉琳·埃里斯女士希望能够给学校所有的教师在创新方面打打鸡血。因为她受到了我们在教室大改造方面的启发，并且想要在学校教育中强调四个E原则中的“环境”因素，但是很多在校的教师不太愿意迈出这么冒险的一步并跳出自己的舒适区。而埃里斯女士接下来的做法堪称天才。

教室大改造是所有激励课堂参与度策略中最有效的一个，能够把历史、科学和ELA课程变得生动活泼。教学的效果毋庸置疑，但前期的布置工作也相当烦琐。埃里斯女士知道这一点，所以她把学校里三间没有用过的教室进行了永久性的改造。她照搬了我们的“侏罗纪公园”主题教室大改造，然后自己设计了另外两间教室的主题，分别是：爱丽丝漫游仙境和霍格华兹学院（来自《哈利·波特》）。所有这些改造后的教室充满了魔力。现在，学校里的每一位老师都可以使用这些超乎寻常的教室。他们可以在不用前期装饰、不用撕掉或粘上任何道具或海报的情况下利用这些主题教室创造教学的奇迹。埃里斯女士甚至专门花了一天的时间做了一个职业发展讲座，通过公开课的形式帮助所有老师了解如何利用这些全新的装饰来辅助课堂教学。

鼓励他人的成功永远也不会妨碍你自己的进步。正如领导力训练师约翰·C. 麦克斯维尔所说，“领导人物之所以伟大，并不是因为他们自身具备了多大的能力，而是因为他们让他人充分发挥了自己的能力。”在你找到创新能量之后，不妨与同事分享，传递这个魔法。不要在意谁会因为这个创意得到赞扬。想象一下，如果我们所有人都能够像埃里斯女士那样支持自己的同事，教育行业将会变得多么美好！我们自己就会成为改变世界的力量，而不再只是空谈改变。

领导人物之所以伟大，并不是因为他们自身具备了多大的能力，而是因为他们让其他人充分发挥了自己的能力。

第十一章

简洁有趣的总结，让你意犹未尽

我想要的是一种有趣的人生；推动人生向前的是强烈的好奇心而不是恐惧情绪。

——伊丽莎白·吉尔伯特，《伟大的魔法》

我们了解到关于写书的一个常识就是，你应该在结尾的部分写一个结论。我们很难理解这个要求，因为这对于我们来说更像是写一篇学术论文才需要的结构，而不是一本关于创新的书必备的部分。所以我们决定按照自己的理解，在这里提供一个简洁、有趣的快速总结。

下面是我们对各个章节的简要回顾，按照出现的先后顺序排列：

1. 成为百搭王牌。

2. 如果你为自己的短处辩解，那么你将永远与它们为伴。

3. 不要听信小丑牌的质疑。

4. 永远都要清楚自己的职业动机。

5. 所有这些东西都是免费的：脸上的笑容、内心的激情和热忱。

6. 午餐时间是个创新的好机遇。

7. 让学生心甘情愿想要来上学。

8. 做真实的自己。

9. 不要因为阻碍而停滞不前。

10. 传递你的魔法。

你的教室就是你的舞台。每一天，你需要决定如何利用这个舞台。当舞台的幕布拉起，你会看到座无虚席的观众并且赢得满堂彩吗？（在棋牌游戏中，有3744种组合可以变成满堂红……这么多的可能性……也就意味着你有这么多方法在课堂上创新来吸引你的观众并传递你的魔法。）

成为能够让你的学生充满好奇心和兴奋感的老师，让他们想要不断地要求你返场，给他们一个永远也不会忘记的理由，让教学变得疯狂，成为能够改变这些孩子命运的那一张百搭王牌。

这里，我们希望能够给出最后的忠告：找到创新的办法来建立与学生之间的关系——但也不要穿着凉鞋去看斗牛表演（意指不合时宜）。关于这个故事，我们只能留到下本书再讲了……毕竟，我们的理念是一定要让自己的观众意犹未尽。

PART 3
Toolbox

第三部分

实操案例分享

无论你的策略看起来多完美，你都需要通过结果来检验。

——温斯顿·丘吉尔爵士

只会勤勉是不够的，你又不是勤劳的工蚁。你需要问的问题是，你勤勉的目标是什么？

——亨利·大卫·梭罗

我们在本书中反复强调，人生在很多时候就像是一局牌局游戏。身为一名教师，你身处的外在环境是不可控因素。环境时好时坏有时全凭运气，这取决于老天爷给你发的牌面。但是，除了概率的因素外，一场牌局还涉及了策略。教学工作也一样。不管你手头的牌面如何——是好牌或是烂牌——你都必须有赢的决心。下面这些操作策略能够帮助你提升学生课堂参与度、转变存在困难的学习者并挑战学习成绩优异的学生。这些策略能够帮助把课堂变成一个充满活力的地方；能够帮助你的学生记住学过的知识，因为所有这些知识都将跟实际操作的学习体验结合起来，而不再是为了考试死记硬背的枯燥事实。

不要忘了，持之以恒的实践才能够确保所有的策略为你所用！

互动活动：欢呼和赞美/呼吁和回应

活动设计：

从本质上来说，这是一个要求学生参与的“观众互动”活动。这个活动能够打破沉闷的常规教学活动，并且让学生保持专注度和随时准备行动的状态。因为他们知道自己必须参与到学习过程中并需要仔细听取线索。

如果你还没有尝试过这个做法，那么把它当成创新活动的开端是个很不错的做法——前提是你的“满面微笑—充满激情—展示热忱”的教学三原则已经实施到位。

活动目标：

- 帮助学生记住学过的内容。
- 提升学习的士气（庆祝成功、提振课堂气氛）。
- 带着迫切感开启一天的学习。
- 让学生的注意力和关注度回到教师身上（这是一个课堂管理策略）。
- 打造积极的课堂文化。

操作方法：

◆ 不要花费太多时间来教这个策略。你只需要介绍做法，带着学生练习一两遍就可以进入正常的教学。

◆ 以身作则地示范你需要的热情程度和声音大小等，让学生明白你的预期。

◆ 可以在网上检索素材，也可以自己写；或让学生编写口号内容。

◆ 在进行呼吁和回应活动来将学生的注意力拉回教师身上时，你需要设定下列回应的预期并传达给学生：回应不能只是机械地背诵口号，学生们需要坐直身体，手中不要拿任何东西，眼睛看着讲话人并且保持三秒钟。

◆ 尽可能地避免尴尬的空白时段。在完成欢呼/赞扬/呼吁/回应活动后，请立即开始讲课。

建立师生关系和文化

活动设计：

建立与学生的紧密关系，了解学生和所在学校的校园文化，是为了更了解学生和他们的兴趣爱好。这个方法比你默认自己的学生会改变自己来适应你的风格要更有效。该活动的核心在于要了解学生走出四面高墙的教室之后是什么样子。

活动目标：

身为教师的你可以获得关于学生兴趣爱好的诸多关键背景知识，因此，你可以确保自己设计的教学内容能够唤起他们的注意，并让他们感到兴奋。孩子没有办法掌握那些跟自己完全无关的知识。

操作方法：

◆ 吃午饭的时候跟学生坐一桌；在休息时间跟他们一起玩耍；接受邀请去参加他们的生日聚会；跟他们一起玩少年棒球比赛；等等。

◆ 要求学生做一个“我最喜爱的项目”。这让他们有机会分享自己感兴趣的东西。而且教师可以很容易将这个项目与ELA和社会学课程结合起来。要注意，这个项目的意义不仅仅在于学生有机会去展示和陈述。我们曾经有一个学生梦想要成为一个气象员，直到他做了一个关于气象学的项目，我们才了解到这个梦想。

◆ 可以登录geniushour.com去下载免费资源。“天才时刻”（Genius Hour）是一项运动，可以让学生探索自己喜欢的事情并鼓励课堂创新。

◆ 不管你教几年级的学生，你需要去看学生喜欢看的那些电视节目；读他们喜欢读的书；听他们喜欢听的音乐。

◆ 要记住你的目标是激励自己的学生——哪怕这意味着你需要反复给他们指出努力的方向。

◆ 给学生创造机会来学会如何给彼此加油鼓劲和相互激励。

提升学生的软技能（社交技能）

活动设计：

提升学生的社交技能和其他非学术类技能（如握手、眼神接触、如何称呼他人和跟他人打招呼、礼仪和礼貌行为，等等）。

活动目标：

- 教授教学内容以外的东西，提升学生的社会和生活技能。
- 在课堂创建相互尊重的课堂文化和学校环境。

操作方法：

◆ 在设定预期目标之后，一定要以身作则地示范；通过行为创造自己想要的奇迹（MAGIC）!

◆ 对学生来说，M.A.G.I.C.指的是：

M：保持眼神接触。（全体学生！）

A：接受失败并从中吸取经验教训。

G：从椅子上站起来——请站立着回答问题。

I：在这里没有与I相关的规则。

C：庆祝他人的成功并为他人加油。

◆ 对教师来说，M.A.G.I.C.指的是：

M：保持眼神接触。

A：加上一丝微笑。

G：把自己的双手亮出来。

I：点亮学生的激情。

C：掌控整个教室。（不要对着黑板讲课。）

让学生动起来

活动设计：

可以在常规的教学时间添加一点肢体活动。研究已经证明，运动能够促进学习的效果（有可能是通过增加大脑供氧来实现）。在思考活动的设计时，把它看成一个让学生参与到学习过程的方法，而不是教会他们如何去做某一种运动。

活动目标：

♠ 给学生一个放松的时段（不必坐得很直，可以放松大脑）。

♠ 帮助学生记住教学的内容（将手部动作与语言、几何概念等部分内容关联起来）。

♠ 将运动或注意力/专注力与欢呼、赞扬，或呼吁和回应结合起来。

♠ 尽量减少那些很难长时间坐定的孩子身上的行为问题。

操作方法：

◆ 尽可能在任何事情或内容上添加动作——欢呼、赞扬，或呼吁和回应等活动必须配上相应的动作。

◆ 利用手掌动作或手部姿势来帮助学生记住一系列的步骤或任何其他难以记住的抽象内容或概念。我们已经针对科学研究方法的每一个操作步骤都设计了相应的动作。

◆ 游戏是给问答练习添加动作的一个好办法。

音乐活动

活动设计：

这就是音乐，音乐就是所有人都共有的文化体验，也是普遍通用的语言。音乐具备触动人心的能力，无论是从社会、情感、智力还是精神层面。

活动目标：

♠ 帮助学生记住教学内容（通过编写以教学内容为主题的歌词来实现）。

♠ 创建一个所有人都能够投入学习的环境（通过提供背景音乐来实现）。

♠ 给孩子一个放松大脑的机会（结合前面提到的动作，例如敲鼓或鼓掌等）。

♠ 建立与学生的亲密关系（可以参见本书第七章中“课堂鼓手”的故事）。

♠ 在开展其他类型的活动时，可以利用音乐来营造特定氛围。你可以在脑子里回忆一下在《危险边缘》游戏的最后角逐中，当参赛选手努力思考着答案时，节目组播放的那一段著名背景音乐。

操作方法：

◆ 很多流行歌曲都提供了无原唱的卡拉OK版本，你可以跟着节奏音乐哼唱自己改编的歌词。

◆ 不要陷入音乐活动只适合年幼孩子的思维误区。

◆ 了解自己的学生喜欢什么样的音乐，然后以此为出发点，无论他们喜欢的是乡村音乐、摇滚乐还是嘻哈音乐，任何类型的音乐都可以。

◆ 如果你自己编写了歌词，不要一次性把整首歌教完。因为每节韵律都可以与某个特定的教学内容相关，并可以作为记忆块，将所有的教学内容串联起来。如果学生在某个环节遭遇困难，你可以通过提示与这部分内容相关的歌词和旋律来让他们回忆起相关内容。

◆ 但是不要做得过火或给所有的内容都配上歌词，这么做会让这个活动失去其新颖的本质和吸引力。你只需要在一些很艰深的内容、术语或任何涉及流程和步骤的内容方面使用音乐作为辅助即可。

◆ 在你为下一个活动做准备的时候，可以要求学生们唱一首以相关内容为主题的歌曲来避免尴尬、调节沉闷的气氛。

游戏/竞赛

活动设计：

这是让回答问题变得比单纯地做试卷更有吸引力的一个办法。我们通常把课堂游戏看成“添加了催化剂的试卷”。

活动目标：

♠ 为枯燥或艰深的内容或主题创建一段印象深刻的学习体验。

♠ 用于考试的复习。

操作方法：

◆ 用明智的方法来代替费力不讨好的工作模式：因此请将游戏留给那些艰深或枯燥的主题或用于复习考试。

◆ 在引入游戏之前确保良好的课堂管理得以实施，并确保游戏的持续进行——不要浪费太多时间在无用的环节。

◆ 在玩游戏的过程中需要牢记严谨的教学规则，即：

- 任何学生都不需要坐等轮到自己再加入游戏环节。
- 任何学生都不需要出局然后坐在一旁围观。
- 每一个学生都要回答每一个问题。

运用时事热点进行教学

活动设计：

这是系统运用新闻，包括政治和政策、全球热点等信息来进行教学的方法。时事并不属于考试范畴，但与时事相关的技能却符合一些ELA和社会学课程考核标准的要求。

活动目标：

♠ 培养见多识广的学生，养成学生终生关注新闻的习惯。

♠ 教育我们的学生如何成为全球公民和领导者。

操作方法：

◆ 让学生了解为何成为头条的新闻是至关重要的。

◆ 不要因为自己不知道如何将时事融入教学内容中而完全避开时事相关的信息。你可以拿一篇新闻报道作为阅读材料或将其与历史话题相结合。

◆ 确保学生能够理解为什么一些事情会成为新闻。要求学生阅读地方报纸的首页标题，然后谈论为什么这些故事能够成为头条新闻。学生可能会提供下列的依据：

- **时效性**——新闻通常是当下发生的事情，也是能够吸引读者兴趣的事情
- **相关度**——故事就发生在附近或与当地民众关心的事情相关
- **重要性**——故事涉及庞大的规模或人数；例如一场摧毁了数间房屋的龙卷风可能算不得新闻，但一场摧毁了整个社区的龙卷风可能就十分具有新闻价值
- **突发性**——异乎寻常或毫无预警或征兆就发生的事情
- **影响力**——新闻事件一般都会影响到十分庞大的读者群体
- **与某些著名或重要人物有关**——例如关于名人或著名人物形象的新闻事件
- **奇特性**——奇怪或不同寻常的情况
- **冲突性**——新闻中常见的冲突性事件
- **负面新闻**——坏消息总是比好消息更容易传播
- **持续性**——曾经在新闻中被报道或为大众所熟知的某个故事或事件的后续报道

- **情绪性**——情绪（例如恐惧、忌妒、爱情或仇恨）相关的故事很容易就激发读者兴趣
- **先进性**——全新的希望、全新的成就、全新的进展等相关的报道

开展探讨或解决问题的辩论

活动设计：

这个活动是关于一个特定话题的有组织、有序的讨论。这个活动可以用来探讨文学、历史，甚至是如何解决一个数学问题或科学问题等。

活动目标：

♠ 培养批判性思维能力。（学生需要对事实进行研究和准备才能够形成一个论点。）

♠ 提供一段印象深刻的学习体验。

♠ 培养学生对于不同角度和观点的理解能力，包括观点和事实之间的差异等。

♠ 培养学生就某个逻辑论点进行准备的能力，这也培养了他们为自己的人生和职业做准备的能力。

辩论类型：

♠ 林肯–道格拉斯辩论（LD：基于一对一的辩论模式）

♠ 网球式辩论（即每队有三位辩手，一位学生作为开场辩手陈述后，对方队伍里的辩手可以“回应”该陈述作为驳斥，并以此轮替循环）

♠ 公开辩论/市政厅辩论（学生作为社区会议参会人员可以分享不同的观点——我们喜欢将整个班级分成两派对立观点开展辩论，例如可再生和不可再生能源的辩论）

♠ 模拟法庭

♠ 模拟联合国

操作方法：

◆ 如果你能够选择一些与学生息息相关的主题，哪怕是小学一年级的学生也可以开展辩论。例如，你可以让学生就童话故事开展一次模拟审判，主要的证据来自故事里的文字描述。

◆ 首先要教会学生辩论的基本形式，你可以选择非学术型的主题来完成这个任务。例如，谁是更优秀的超级英雄——蝙蝠侠还是超人？通过类似主题，学生可以了解到辩论的基本结构和流程。

◆ 结合学生的兴趣来开展。我们曾经做过一次模拟联合国的辩论练习，但我们选择的主题是《僵尸启示录》。

◆ 牢记严谨的教学规则的要求：你需要为每个学生都设置一个角色，以确保没有人坐在一旁围观。

有效地提问

活动设计：

这是一个提升学生专注度和让课程教学变得更活跃的方法，与此同时还可以增强学生的自信心。

活动目标：

♠ 培养批判性思维能力。

♠ 鼓励课堂参与度和出勤率。

♠ 树立学生的自信心。

操作方法：

◆ 当你随机抽取学生来回答问题时，不要刻意让他们感到尴尬或能力不足。

◆ 通过呼吁和回应的活动，可以给被提问的学生一点时间来平静下来和思考答案。我们一般的做法是，教师喊："梅根要发言了！"然后全班学生会回应："哦哦哦，我们要关注她！"

◆ 我们不建议使用"给好朋友打电话求助"的方法来允许一个卡壳的学生寻求帮助。当你这样让学生通过挑战时，事实上并没有卸掉他们心头的压力，而是向全班同学展示了这个学生的失败，并且无视了班上其他所有知道正确答案的学生高高举起的手。

◆ 不要让全班其他的学生高高举起双手挥动表示自己知道答案的同时还点名让某一个学生站起来冥思苦想卡在现场。你需要事先设定好教学的预期并在教学过程中坚持这个标准。

◆ 要记住，教师提出的问题的水平决定了学生必须提供的思维水平。当某个学生站起来但是卡在现场的时候，不要转而去点另外一名学生。教师可以将这个问题拆解成更简单的问题，直到这个学生不再卡壳并能够回答。这么做实际上是向学生展示了如何通过所有必需的步骤来找到一个答案。这样也能够让最终给出的答案变成一场巨大的胜利而不是彻底的失败。

◆ 这个方法也可以帮助到很多没有被点名但是同样也不知道答案的学生。

STEM/STEAM课程设计

活动设计：

这是一个融合了科学、技术、工程和数学的课程或教学方案，并把这四个不同学科和主题作为跨学科的实用性教学方法，而不是单纯地将它们当成四个独立的学科进行分别教学。

活动目标：

♠ 通过创造、设计和发明来实施实操型的学习体验。

♠ 培养批判性思维能力。

♠ 将课堂学到的技能和概念应用到实际生活中。

♠ 创建一个基于科学求索的学习环境。

♠ 通过团队项目来帮助学生培养合作技能，并让他们接触到解决问题的多重角度和方法。

操作方法：

◆ 所有的学生都应该为自己所承担的部分工作负责。

◆ 尽可能在分组的时候确保每个小组都包含了具备不同优劣势的成员。

◆ 教师要“袖手旁观”！让学生从自己的错误和失败中吸取教训。

苏格拉底式问题研讨法

活动设计：

这是一种正规的讨论形式。参与人员基于一个文本进行探讨，其中主导人会提出开放式问题，而学生则仔细听取其他人的评论以组织自己的应答。这个活动比较适合中学或高中阶段开展，并可适用于任何学科。

活动目标：

♠ 培养阅读技能。

♠ 培养批判性思维能力。（学生必须组织和表达自己的观点。）

♠ 探讨一些“宏观思考”的主题。

♠ 鼓励学生的独立学习/自主研究。

- 创造学生主导的讨论。
- 培养演讲和倾听技能。
- 创建一种相互尊重的课堂文化。

操作方法：

◆ 提出开放式问题的目标是鼓励所有参与者都能够积极探索文章的主题。

◆ 提出核心问题的目标是让所有参与者都能够分析研讨会的材料并据此得出自己的观点和想法。

◆ 提出结论问题的目标是让所有的参与者都能够从现实生活应用的角度来衡量阅读材料中提出的观点和价值观。

◆ 循环提问的方式能够让所有参与者在一开始都积极地加入讨论。学生可以在教室里走动并给出自己的答案，或尝试随机选择话题的方式，直接进入自己所选的主题——每个人都能够做出反应即可。

口语活动

活动设计：

这是基于诗歌表现的一种口头表达形式，侧重于跨文化的交流。这是教授语言艺术和词汇的一种“别出心裁”的形式。

活动目标：

- 培养学生的词汇和语言艺术能力。
- 让学生爱上诗歌学习。
- 激发学生的写作意愿。
- 鼓励个人的表达。
- 探索文化差异和口头表达传统的角色和价值。

操作方法：

◆ 将说唱音乐带进课堂作为一种节奏文化进行教学（说唱音乐也被认为是带着节奏的诗歌）。

◆ 可以开展诗歌表演（是一种口头表演的形式）或诗歌大比拼（这是一种诗歌表演的竞赛形式，类似于说唱比赛）。

戏剧/角色扮演

活动设计：

学生和老师在这个活动中都要扮演一个不同于自己在现实生活中的角色。这个活动可以包括戏剧、道具、模仿或角色扮演，且可应用于任何科目的教学活动中。

活动目标：

- 给学生创造一段难以忘记的学习经验。

♠ 提供机会让学生体验不同的角度和视角。

操作方法：

◆ 改变课堂氛围和教学模式的一个简单办法就是教师穿着戏剧服装进行授课，但需要与教学内容相关。

◆ 如果教师在课堂上穿了戏剧服装进行角色扮演，则应该在学生踏进教室的那一刻起就要进入角色。哪怕在给出教学指令之后也不要跳出自己的角色。

◆ 可以将角色扮演与辩论活动相结合，如结合模拟法庭、公开辩论或模拟联合国辩论等形式。

◆ 可以与教室大改造活动相结合。

◆ 如果学生需要扮演其他的相关角色，那么可能需要事先提供必要的背景信息——无论是学生通过自主学习和独立研究获得，还是通过教师的课堂讲解获得均可。

◆ 在模拟法庭活动中，融合学习、戏剧和乐趣。

公众演讲

活动设计：

有组织地将信息传达给班级其他同学的一种口头表达方式。

活动目标：

♠ 建立学生的自信。

♠ 帮助学生培养演讲技能，如声音的控制、眼神接触、合理组织信息等。

♠ 演讲能够帮助学生逐渐适应在公众或群体观众面前站起来讲话，并培养学生语言组织、眼神接触、声音控制等相关演讲技能。

操作方法：

◆ 先营造一种相互尊重的倾听课堂文化，让演讲者不会感到局促或被批判。

◆ 可以尝试脱稿演讲，这样学生可以更像是在教授一次课程。

◆ 可以结合“单词猜猜猜”活动将趣味性、词汇学习和口头展示结合起来。（这是吉米·肥伦在节目中经常玩的一个游戏，你可以上网检索相关的案例和游戏设计的思路。）

教室大改造

活动设计：

这是一个通过改变教室的装饰来让学生进入一个全新（模拟版）环境的活动。这个活动可以营造与教学内容相匹配的课堂氛围并提供相应的支持。

活动目标：

♠ 让学生能够投入艰深或枯燥内容的学习。

♠ 可以开展实操型学习活动。

♠ 可以实现教学内容的串讲，并让学生实际应用到现实生活中。

操作方法：

◆ 如有可能，将教室的桌椅都搬走或统一进行改造。（我们在《侏罗纪公园和探险队》主题的教室大改造中将所有的桌椅都变成了“吉普车”。）

◆ 从互联网上搜索和下载背景音乐和音效来营造气氛（可以尝试检索YouTube）。

◆ 不要过度专注细节，学生们并不追求完美的细节效果。

◆ 全程都要沉浸在自己所扮演的角色之中。

◆ 给学生提供一些有趣的道具来帮助他们进入自己的角色。我们曾使用过帽子、夏威夷草裙、围裙、手术口罩等你能想象到的任何一切道具。

◆ 在一元打折店或二手店采购所需的材料，或跟亲戚朋友借材料。不要羞于询问他人是否能够捐赠你所需的材料，因为结果一定会让你顺利得出乎意料。

案例分享：

下面给出了“用教室大改造来提升课堂参与度”的五个案例，这五个案例按照由简到繁的顺序排列。这些案例仅提供了一个基础的概念和回顾。你可以在SetTheStageToEngage.com 上找到更多相关的案例、视频和操作建议来开展你自己的教室大改造。

1. 间谍实验室/犯罪现场调查

活动目标——学会研究和文本证据分析（这是ELA的教学内容，但这个活动可以成为一个跨学科的设计，并运用到历史或科学科目相关的文本和内容）。

舞台设计——在教室的对角拉上白纱并装上几盏黑色的灯。（这样白纱就能够产生激光线的效果。）教师要穿成神秘特工的造型（黑色裤子/外套、白衬衫、领结、墨镜、耳机等）；学生需要戴着黑色的“特工”帽（或徽章，或任何你可以低价采购到的其他标识）。

活动设计——当学生抵达教室时，要求他们在门口排队并在“特工身份验证”的手机应用上扫描自己的指纹。如果他们能够验证成功，就可以进入教室并拿到自己的任务。这个活动需要着重强调的是ELA标准教学内容要求中关于精读能力的培养，因此活动设计要以寻找事实为核心。

2. 奶油砸派机（Pie Face）

活动目标——学会如何确定一篇文章的作者意图。请牢记下面PIEED缩写所代表的不同写作目标：

P=劝说

I=告知

E=取悦

E=解释

D=描述

舞台设计——在每张桌子上都设置一个奶油砸派机，放上一罐生奶油和五个馅饼烤盘，每个烤盘上分别标注前面PIEED中五个不同的目标。

活动设计——将学生分成四人或五人一组。所有学生都能拿到十五篇不同的文章。每个学生都需要阅读文章并从文章内找到格式或文字证据来确定该文章的写作目标。在学生确定所有文章的写作目标之后，把自己的结论提交到小组。每个人都必须提供来自原文的证据来证明或支撑自己的结论。完成这个过程后，他们就可以“烤制自己的第一个文章派”并将每一篇文章都放到对应的标注馅饼盘里，然后还可以玩一轮奶油砸派机游戏！

3. 美国国家赛车联合会（NASCAR）

活动目标——通过科学的步骤学习力量和运动相关的知识。（在跨学科学习的部分，将加入数学和ELA相关的活动）

舞台设计——可以把教室装饰成美国国家赛车联合会（NASCAR）的比赛现场。可以挂上方格旗，用不同的地面标识设置不同的赛道，比如砂纸和锡箔纸等。教师要穿上美国国家赛车联合会后勤维修人员的制服。

活动设计——学生通过进行科学的步骤操作来实验力量和运动相关的知识；比如，学生可以用乐高搭建一个测试的赛车，以气球作为其能源。学生也可以在不同材质的赛道上进行测试，以了解摩擦力的效果。

数学：学生给每场赛车计时并在表格上标注。此外，学生还必须找出这些数值的中间值、中数、模式和区间等数学相关的信息。

ELA（英语语言艺术）：学生需要写一篇文章（劝说性作文）并向学

校的四个教职员工进行游说演讲。他们的目标是为自己的车手/车队找到赞助商。拿到最高分的学生可以喝胜利者奖杯中的牛奶（尽管我们知道这是Indie 500游戏杯），此外他们还可以拿到一个奖杯！

4.《超级马里奥兄弟》和《加勒比海盗》

活动目标——这一次的教室大改造可以用于复习古代文化、科学内容、数学以及英语语言艺术相关的主题。这个活动同样可以用于跨学科内容的复习。

舞台设计——用《超级马里奥兄弟》电子游戏的相关元素来装饰整个教室，然后可以穿戴超级马里奥和公主的服装。可以让学生戴上马里奥和路易吉的帽子，将问题盒子挂在天花板下面，里面装满各类教学内容和问题的纸条。在海盗主题的设计中，可以用撕开的床单作为船帆，然后在教室里放上各种财宝箱，并播放《加勒比海盗》电影系列的原声带和主题曲作为背景音乐。

活动设计——将学生分成不同的团队。他们需要不断练习难度逐渐递增的各项技能，就像马里奥通关一样，难度会逐渐增加。每一关的难度都会有所提升，并且每一次阅读的深度也会增加。下面这个案例展示了如何用这个活动来进行阅读课程的复习，但你可以将这个活动应用到任何技能的复习和训练中。

级别1：学生必须阅读文章并且翻译每一句话。

级别2：学生必须明确短片文章的核心思想。以《超级马里奥兄弟》游戏为例，学生选择三个通道中的一个。每一个通道都有一系列不同的文章（数量从三篇到八篇不等），不同的文章数量也就决定了通过本关需要的时间不同。在海盗主题的活动中，每一个级别都有一个不同的挑战任务，包括：从海里把线索钓上来；用玩具枪击落目标等。（你可以上网检索更多的海盗游戏来设置每一个关卡。）

级别3：马里奥赛车游戏！学生必须确定每一篇文章的结构来获得拼凑文章所需的最重要的细节信息。学生要把自己的搭档推到通道尽头，拿到一个短篇，然后再推回来，确定它属于文章的哪一部分，然后重复这个流程直到完成本关任务。

级别4：奖励盒子！第一支达到这个级别的队伍可以打开最大的盒子。大盒子里面装有更小的问题盒子。每个队伍都要收集一个包含了十篇不同文章的小盒子。要求学生通过合作来确定生词的意思。一旦他们确定了每个单词的意思之后，他们就可以进入下一个级别。

级别5：学生总结每篇文章的核心思想和内容。他们需要跑到通道尽头（主要是爬行）去拿到一篇短文章，然后再跑回来，总结核心内容和思想，然后再重复这个过程。学生需要在每一个级别都独立完成所有的任务，快慢取决于他们个人的速度。一旦一个级别的挑战完成后，他们就可以进入下一个级别。每个学生都需要完成全部五个级别的挑战来拯救自己的公主，并获得胜利的旗帜（教师可以用海报板和PVC管来自己制作旗子），或找到隐藏的宝藏。

5.《侏罗纪公园》

活动目标——通过科学的方法和手段来学习生命科学和生态环境的相关知识和内容（如动物的分类、生物进化、生命周期、食物网和食物链等）。将数学（通过解决数学问题来躲避“灾难”）和英语语言艺术（通过仔细阅读和理解等策略来推测、预测侏罗纪时代的相关信息并给出结论）等相关内容融合到活动中。

舞台设计——将教室改造为侏罗纪公园的样子，可以把桌椅变成吉普车；用巧克力蛋糕面糊来模拟恐龙粪便。用馅饼盘来做头灯，并且用绝缘管来做吉普车上的防护网。可以用复活节的巨蛋来做恐龙蛋。在教室里挂上黑涂料，在各个角落放置绿植，调暗灯光并使用从聚会用品店采购的顶灯来营造一种户外的感觉。播放《侏罗纪公园》的原声带作为背景音乐。教师们都要穿上侏罗纪公园中科学研究人员的服装。

活动设计——在进入公园之前，学生必须完成一项精读任务来了解侏罗纪时代的相关信息。每个坐在吉普里的学生都要选择一篇不同的文章来阅读。然后每个学生都要完成四个任务才可以走出公园。

奖励活动——在课程过程中，会突然响起警报声，然后在黑板上跳出一个数学问题（这代表出现了“公园危机”）。学生必须通过解决数学问题来解除这场危机。每个坐在吉普里的学生都必须正确地解答问题，然后整个团队才可以回归到遭遇危机之前的任务——这个环节的设计是为了增加游戏的紧张感。

“常青藤”书系—中青文教师用书总目录

书名	书号	定价
特别推荐——从优秀到卓越系列		
★ 从优秀教师到卓越教师：极具影响力的日常教学策略（入选浙江省教师节用书）	9787515312378	33.80
★ 从优秀教学到卓越教学：让学生专注学习的最实用教学指南	9787515324227	32.00
★ 从优秀学校到卓越学校：他们的校长在哪些方面做得更好	9787515325637	33.80
★ 卓越课堂管理（中国教育新闻网2015年度“影响教师的100本书”）	9787515331362	68.00
名师新经典/教育名著		
如何当好一名学校中层：快速提升中层能力、成就优秀学校的31个高效策略	9787515346519	29.00
像冠军一样教学：引领学生走向卓越的62个教学诀窍	9787515343488	49.00
★ 如何成为高效能教师（美国最畅销教师用书，销量超过350万册，最专业、最权威、最系统的教师培训第一书）	9787515301747	89.00
★ 给教师的101条建议（第三版）（《中国教育报》“最佳图书”奖）	9787515342665	33.00
★ 改善学生课堂表现的50个方法：小技巧获得大改变（入选《中国教育报》2010年和2011年“影响教师的100本书”）	9787500693536	23.80
改善学生课堂表现的50个方法操作指南：小技巧获得大改变	9787515334783	29.00
★ 优秀教师一定要知道的17件事（美国当前最有影响教育畅销书作者全新力作）	9787515342726	23.00
美国中小学世界历史读本 / 世界地理读本 / 艺术史读本	9787515317397等	106.00
美国语文读本1–6	9787515314624等	252.70
和优秀教师一起读苏霍姆林斯基	9787500698401	27.00
★ 怎么做孩子会爱上学习（入选“21世纪中国教师必读的百种好书”，《中国教育报》“2010年影响教师的100本书”）	9787500685968	22.00
快速破解60个日常教学难题	9787515339320	33.00
★ 美国最好的中学是怎样的——让孩子成为学习高手的乐园	9787515344713	28.00
教师成长/专业素养		
你的第一年：新教师如何生存和发展	9787515351599	33.80
教师精力管理：让教师高效教学，学生自主学习	9787515349169	28.00
如何使学生成为优秀的思考者和学习者：哈佛大学教育学院课堂思考解决方案	9787515348155	39.80
反思性教学：一个已被证明能让所有教师做到最好的培训项目（30周年纪念版）	9787515347837	49.00
★ 凭什么让学生服你：极具影响力的日常教育策略（中国教育新闻网2017年度“影响教师的100本书”）	9787515347554	28.00
运用积极心理学提高学生成绩：品格教育校本计划（中国教育新闻网2017年度“影响教师的100本书”）	9787515345680	39.80
★ 可见的学习与思维教学：让教学对学生可见，让学习对教师可见（中国教育报2017年度“教师最喜爱的100本书”）	9787515345000	29.80
教学是一段旅程：成长为卓越教师你一定要知道的事	9787515344478	39.00
安奈特·布鲁肖写给教师的101首诗	9787515340982	35.00

书名	书号	定价
万人迷老师养成宝典学习指南	9787515340784	28.00
中小学教师职业道德培训手册：师德的定义、养成与评估	9787515340777	32.00
成为顶尖教师的10项修炼（中国教育新闻网2015年度“影响教师的100本书”）	9787515334066	35.00
★ T. E. T. 教师效能训练：一个已被证明能让所有年龄学生做到最好的培训项目（30周年纪念版）（中国教育新闻网2015年度“影响教师的100本书”）	9787515332284	39.00
教学需要打破常规：全世界最受欢迎的创意教学法（中国教育新闻网2015年度“影响教师的100本书”）	9787515331591	33.00
高效能教师如何带领学生取得优异成绩（中国教育新闻网2015年度“影响教师的100本书”）	9787515328980	39.00
10天卓越教师自我培训（教育家安奈特・布鲁肖顶尖卓越教师培训教材）	9787515329925	29.00
给幼儿教师的100个创意：幼儿园班级设计与管理	9787515330310	29.00
给幼儿教师的100个创意：为幼升小做准备	9787515329130	29.90
给小学教师的100个创意：发展思维能力	9787515327402	29.00
给中学教师的100个创意： 如何激发学生的天赋和特长 / 杰出的教学 / 快速改善学生课堂表现	9787515330723等	87.90
以学生为中心的翻转教学11法	9787515328386	29.00
如何使教师保持职业激情	9787515305868	29.00
★ 如何培训高效能教师：来自全美权威教师培训项目的建议	9787515324685	32.00
良好教学效果的12试金石：每天都需要专注的事情清单	9787515326283	29.90
★ 让每个学生主动参与学习的37个技巧	9787515320526	28.00
10分钟教师培训：卓越教师的40个快速训练法	9787515320519	32.00
提高学生学习效率的9种教学方法	9787515310954	27.80
★ 优秀教师的课堂艺术：唤醒快乐积极的教学技能手册	9787515342719	26.00
★ 万人迷老师养成宝典（第2版）（入选《中国教育报》“2010年影响教师的100本书”）	9787515342702	29.00
高效能教师的9个习惯	9787500699316	23.00
★ 好老师可以避免的20个课堂错误（入选《中国教育报》“2010年影响教师的100本书”）	9787500688785	21.50
爱・上课：麻辣教师调教“天下第一班”的教育奇迹（李希贵、窦桂梅推荐）	9787500693383	29.00
课堂教学/课堂管理		
王牌教学法：罗恩・克拉克学校的创意课堂	9787515352145	39.80
让学生快速融入课堂的88个趣味游戏	9787515351889	39.00
★ 如何调动与激励学生：唤醒每个内在学习者（李希贵校长推荐全校教师研读）	9787515350448	39.80
与孩子好好说话（获“美国国家育儿出版物（NAPPA）金奖”，沟通圣经）	9787515350370	39.80
基于课程标准的STEM教学设计：有趣有料有效的STEM跨学科培养教学方案	9787515349879	68.00
如何设计教学细节：好课堂是设计出来的	9787515349152	39.00
15秒课堂管理法：让上课变得有料、有趣、有秩序	9787515348490	33.80

书名	书号	定价
混合式教学：技术工具辅助教学实操手册	9787515347073	39.80
从备课开始的50个创意教学法	9787515346618	29.00
中学生实现成绩突破的40个引导方法	9787515345192	33.00
给小学教师的100个简单的科学实验创意	9787515342481	39.00
老师如何提问，学生才会思考	9787515341217	33.80
教师如何提高学生小组合作学习效率	9787515340340	29.00
卓越教师的200条教学策略	9787515340401	35.00
中小学生执行力训练手册：教出高效、专注、有自信的学生	9787515335384	33.80
提高学生学习专注力的8个方法：打造深度学习课堂	9787515333557	35.00
改善学生学习态度的58个建议	9787515324067	25.00
★ 全脑教学：影响全球300万教师的教学指导书（中国教育新闻网2015年度“影响教师的100本书”）	9787515323169	38.00
★ 全脑教学与成长型思维教学：提高学生学习力的92个课堂游戏	9787515349466	39.00
★ 哈佛大学教育学院思维训练课	9787515325101	36.00
完美结束一堂课的35个好创意	9787515325163	28.00
如何更好地教学：优秀教师一定要知道的事（被英国教育界奉为圣经的教学用书）	9787515324609	36.00
带着目的教与学	9787515323978	28.00
★ 美国中小学生社会技能课程与活动（学前阶段/1-3年级/4-6年级/7-12年级）	9787515322537等	153.80
彻底走出教学误区：开启轻松智能课堂管理的45个方法	9787515322285	28.00
破解问题学生的行为密码：如何教好焦虑、逆反、孤僻、暴躁、早熟的学生	9787515322292	36.00
★ 在普通课堂教出尖子生的20个方法：分层教学	9787515321868	29.90
13个教学难题解决手册	9787515320502	28.00
★ 让学生爱上学习的165个课堂游戏	9787515319032	39.00
美国学生游戏与素质训练手册：培养孩子合作、自尊、沟通、情商的103种教育游戏	9787515325156	36.00
老师怎么说，学生才会听	9787515312057	28.00
快乐教学：如何让学生积极与你互动（入选《中国教育报》“影响教师的100本书”）	9787500696087	29.00
★ 老师怎么教，学生才会提问	9787515317410	29.00
★ 快速改善课堂纪律的75个方法	9787515313665	28.00
★ 教学可以很简单：高效能教师轻松教学7法	9787515314457	25.00
88种美国中小学经典课堂教学活动	9787515314419	32.00
★ 好老师应对课堂挑战的25个方法（《给教师的101条建议》作者新书）	9787500699378	25.00
快速调动学生参与的99个方法（被誉为美国调动学生参与最有价值之书）	9787515317069	31.90
★ 好老师激励后进生的21个课堂技巧	9787515311838	23.80
★ 开始和结束一堂课的50个好创意	9787515312071	29.80
好老师因材施教的12个方法（美国著名教师伊莉莎白“好老师”三部曲）	9787500694847	22.00

	书名	书号	定价
★	如何打造高效能课堂（美国《学习》杂志“教师必选”奖，“激励教师组织”推荐书目）	9787500680666	29.00
	合理有据的教师评价：课堂评估衡量学生进步	9787515330815	29.00
	班主任工作/德育		
★	北京四中8班的教育奇迹	9787515321608	36.00
★	师德教育培训手册	9787515326627	29.80
	打造优秀班级的15个秘密	9787515319117	28.00
★	设计和管理最优班级实用手册	9787515317731	49.00
★	好老师征服后进生的14堂课（美国著名教师伊莉莎白“好老师”三部曲）	9787500693819	25.00
	优秀班主任的50条建议：师德教育感动读本（《中国教育报》专题推荐）	9787515305752	23.00
	学校管理/校长领导力		
	学校管理者平衡时间和精力的21个方法	9787515349886	29.90
	校长引导中层和教师思考的50个问题	9787515349176	29.00
	如何定义、评估和改变学校文化	9787515340371	29.80
	从优秀学校到卓越学校：他们的校长在哪些方面做得更好	9787515325637	33.80
	优秀校长一定要做的18件事（入选《中国教育报》“2009年影响教师的100本书”）	9787515342733	26.00
	构建杰出学校的7个杠杆	9787515324319	39.00
	学科教学/教科研		
★	人大附中中考作文取胜之道	9787515345567	39.80
★	人大附中高考作文取胜之道	9787515320694	33.80
★	人大附中学生这样学语文：走近经典名著	9787515328959	33.80
	四界语文（中国教育报2017年度“教师最喜爱的100本书”）	9787515348483	49.00
	让小学一年级孩子爱上阅读的40个方法	9787515307589	30.00
	让学生爱上数学的48个游戏	9787515326207	26.00
★	优秀小学语文教师一定要知道的7件事（窦桂梅畅销作品）	9787500674139	23.80
	情商教育/心理咨询		
	9节课，教你读懂孩子：妙解亲子教育、青春期教育、隔代教育难题	9787515351056	39.80
	中小学心理教师的10项修炼	9787515309347	36.00
★	别和青春期的孩子较劲（增订版）（入选《中国教育报》“2009年影响教师的100本书”）	9787515343075	28.00
★	100条让孩子胜出的社交规则	9787515327648	28.00
	幼儿园/学前教育		
	幼儿园30个大主题活动精选：让工作更轻松的整合技巧	9787515339627	39.80
★	美国幼儿教育活动大百科：3–6岁儿童学习与发展指南用书 科学／艺术／健康与语言／社会	9787515324265等	600.00
	蒙台梭利早期教育法：3–6岁儿童发展指南（理论版）	9787515322544	29.80
	蒙台梭利儿童教育手册：3–6岁儿童发展指南（实践版）	9787515307664	25.00

	书名	书号	定价
★	自由地学习：华德福的幼儿园教育	9787515328300	29.90
	你的水桶有多满（儿童版）	9787515342689	29.00
	赞美你：奥巴马给女儿的信	9787515303222	19.90
	教育主张/教育视野		
	如何发现孩子：实践蒙台梭利解放天性的趣味游戏	9787515325750	32.00
	如何学习：用更短的时间达到更佳效果和更好成绩	9787515349084	49.00
	教师和家长共同培养卓越学生的10个策略	9787515331355	27.00
★	如何阅读：一个已被证实的低投入高回报的学习方法	9787515346847	39.00
★	芬兰教育全球第一的秘密（珍藏版）（《中国教育报》等主流媒体专题推荐，台湾教育类畅销书榜第一名）	9787515342610	28.00
	世界最好的教育给父母和教师的45堂必修课（《芬兰教育全球第一的秘密》2）	9787515342696	28.00
★	杰出青少年的7个习惯（精英版）（中小学图书馆推荐书目、中国青少年必读书目）	9787515342672	39.00
★	杰出青少年的6个决定（领袖版）（中小学图书馆推荐书目、中国青少年必读书目、全国优秀出版物奖）	9787515342658	28.00
★	7个习惯教出优秀学生（第2版）（全球第一畅销书《高效能人士的七个习惯》教师版）	9787515342573	29.00
	学习的科学：如何学习得更好更快（入选2016年中国教育网暑期推荐书目）	9787515341767	39.80
	杰出青少年构建内心世界的5个坐标（中国青少年成长公开课）	9787515314952	59.00
★	跳出教育的盒子（第2版）（美国中小学教学经典畅销书）	9787515344676	35.00
	夏烈教授给高中生的19场讲座（入选《中国教育报》"2013年最受教师欢迎的100本书"）	9787515318813	29.90
★	学习之道：美国公认经典学习书	9787515342641	39.00
★	翻转学习：如何更好地实践翻转课堂与慕课教学（中国教育新闻网2015年度"影响教师的100本书"）	9787515334837	32.00
★	翻转课堂与慕课教学：一场正在到来的教育变革	9787515328232	26.00
	翻转课堂与混合式教学：互联网+时代，教育变革的最佳解决方案	9787515349022	29.80
	翻转课堂与深度学习：人工智能时代，以学生为中心的智慧教学	9787515351582	29.80
★	奇迹学校：震撼美国教育界的教学传奇（中国教育新闻网2015年度"影响教师的100本书"）	9787515327044	36.00
★	学校是一段旅程：华德福教师1–8年级教学手记	9787515327945	32.00
★	高效能人士的七个习惯（30周年纪念版）（全球头号畅销书）	9787515350585	79.00
★	学生版盖洛普优势识别器	9787515350387	169.00